入《はい》る慣用句《かんようく》は、すべてこの本《ほん》にのっているよ！

答《こた》え

ア	イ	ウ	エ	オ	カ	キ	ク

めざせ！ことば名人

慣用句

使い方90連発！

3

監修 森山卓郎（早稲田大学教授）
まんがイラスト 野田節美

慣《かん》用《よう》句《く》ってどんなもの？

自分《じぶん》の気持《きも》ちや今《いま》の状況《じょうきょう》を、もっとぴったりとくることばで伝《つた》えたいと思《おも》ったことはありませんか？　そんなときに使《つか》えるのが慣用句《かんようく》です。たとえば、「時間《じかん》がない」よりも「尻《しり》に火《ひ》がついている」というほうが、あせっている状況《じょうきょう》をより伝《つた》えることができます。このように、慣用句《かんようく》には、ものごとの状態《じょうたい》や日常《にちじょう》のできごと、行動《こうどう》、感情《かんじょう》などを、特別《とくべつ》な言《い》い回《まわ》しで表現《ひょうげん》したものが多《おお》くあります。

慣用句《かんようく》とは、ふたつ以上《いじょう》の単語《たんご》がむすびついて、ひとつの決《き》まった意味《いみ》を表《あらわ》すことばをいいます。「尻《しり》に火《ひ》がつく」という慣用句《かんようく》も、「尻《しり》」と「火《ひ》がつく」ということばがむすびつき「(まるで尻《しり》に火《ひ》がついているように)ものごとがさしせまり、追《お》いつめられている」という、意味《いみ》になるのです。

また、慣用句《かんようく》は昔《むかし》から使《つか》われ、定着《ていちゃく》したことばなので、「尻《しり》に毛《け》がつく」などと変化《へんか》させることはしません。使《つか》い方《かた》がかぎられているのがとくちょうです。正《ただ》しくおぼえて、表現《ひょうげん》をゆたかにしてみましょう。

慣用句《かんようく》は昔《むかし》から使《つか》われてきたことば。昔《むかし》の日本人《にほんじん》の風習《ふうしゅう》や発想《はっそう》、感覚《かんかく》などがあらわれているものも多《おお》くておもしろいんだ
オレの大事《だいじ》なビデオカメラをこわしたのはお前《まえ》か！
モゥ〜〜
ゴロゴロ
ピカー
…はい。すみません
しゅん。
動画配信《どうがはいしん》したくて…
ひさしぶりに父《とう》ちゃんのかみなりが落《お》ちた…
コわいよ〜〜
テストを返《かえ》します
首《くび》を長《なが》くして待《ま》っていました〜
ぐい〜ん
ハーイ!!
後《うし》ろがみを引《ひ》かれるけど…
うぐぐ〜
遊《あそ》ぶやくそくをした時間《じかん》だ行《い》かなきゃ…！
いいのか〜
いってきますぅ〜

この本《ほん》の使《つか》い方《かた》

この本《ほん》では、慣用句《かんようく》をひとつずつ取《と》り上《あ》げて、意味《いみ》や使《つか》い方《かた》を紹介《しょうかい》しているよ。

どんな気持《きも》ちのとき、どんな場面《ばめん》で使《つか》えることばかがわかるよ。

ことばの使《つか》い方《かた》がまんがでわかるよ。

似《に》た意味《いみ》のことば、反対《はんたい》の意味《いみ》のことば、同《おな》じ字《じ》が出《で》てくることばなどを紹介《しょうかい》しているよ。ことわざや四字熟語《よじじゅくご》、格言《かくげん》などいろいろなことばが出《で》てくるよ。

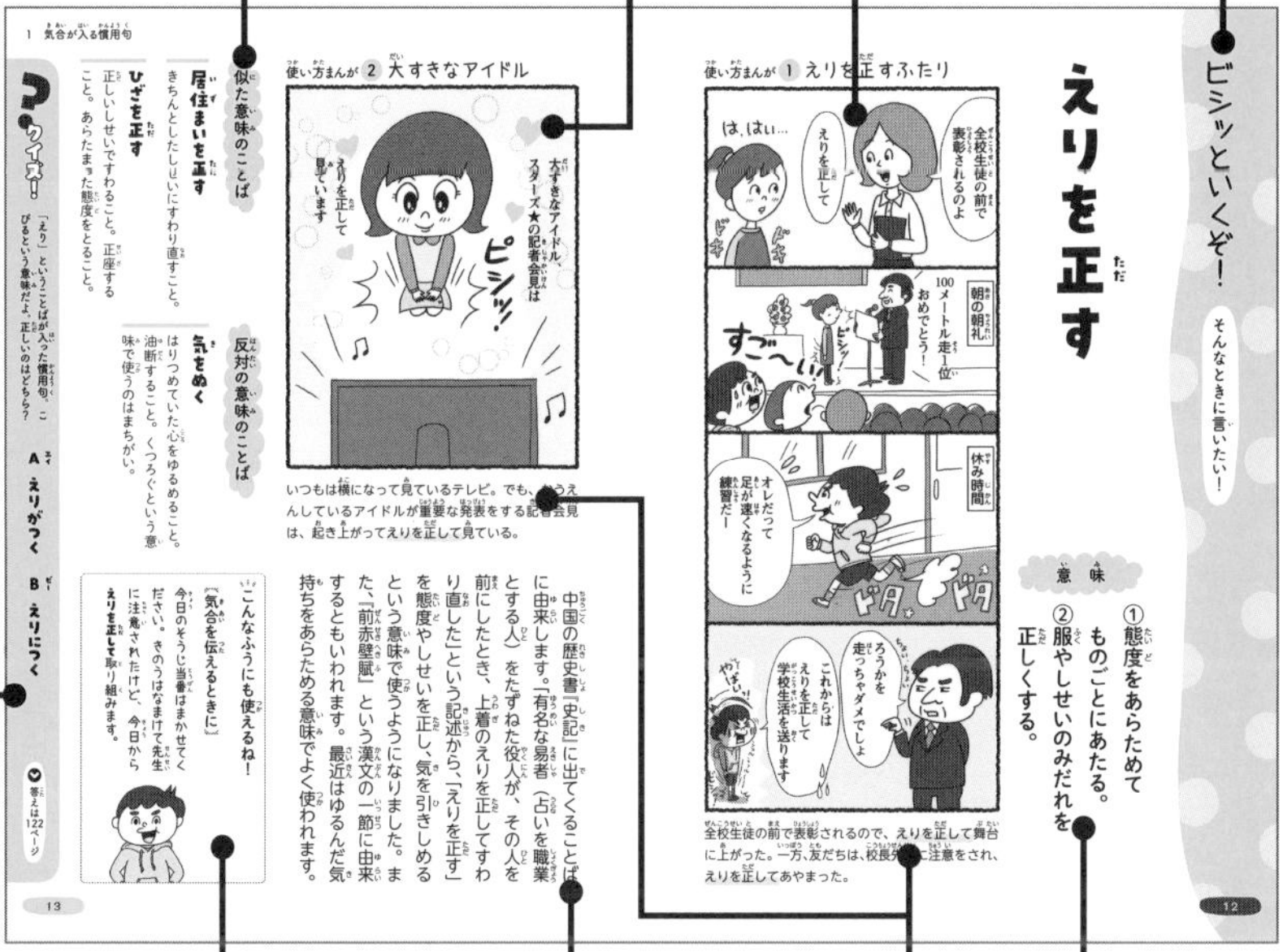
1　気合《きあい》が入《はい》る慣用句《かんようく》

ビシッといくぞ！

そんなときに言《い》いたい！

えりを正《ただ》す

意《い》味《み》

①態度《たいど》をあらためてものごとにあたる。
②服《ふく》やしせいのみだれを正《ただ》しくする。

使《つか》い方《かた》まんが 1 えりを正《ただ》すふたり

全校生徒《ぜんこうせいと》の前《まえ》で表彰《ひょうしょう》されるので、えりを正《ただ》して舞台《ぶたい》に上《あ》がった。一方《いっぽう》、友《とも》だちは、校長先生《こうちょうせんせい》に注意《ちゅうい》をされ、えりを正《ただ》してあやまった。

使《つか》い方《かた》まんが 2 大《だい》すきなアイドル

いつもは横《よこ》になって見《み》ているテレビ。でも、おうえんしているアイドルが重要《じゅうよう》な発表《はっぴょう》をする記者会見《きしゃかいけん》は、起《お》き上《あ》がってえりを正《ただ》して見《み》ている。

中国《ちゅうごく》の歴史書《れきししょ》『史記《しき》』に出《で》てくることばに由来《ゆらい》します。「有名《ゆうめい》な易者《えきしゃ》（占《うらな》いを職業《しょくぎょう》とする人《ひと》）をたずねた役人《やくにん》が、その人《ひと》を前《まえ》にしたとき、上着《うわぎ》のえりを正《ただ》してすわり直《なお》した」という記述《きじゅつ》から、「えりを正《ただ》す」を態度《たいど》やしせいを正《ただ》し、気《き》を引《ひ》きしめるという意味《いみ》で使《つか》うようになりました。また、『前赤壁賦《ぜんせきへきふ》』という漢文《かんぶん》の一節《いっせつ》に由来《ゆらい》するともいわれます。最近《さいきん》はゆるんだ気持《きも》ちをあらためる意味《いみ》でよく使《つか》われます。

似《に》た意味《いみ》のことば

居住《いず》まいを正《ただ》す
きちんとしたしせいにすわり直《なお》すこと。

ひざを正《ただ》す
正《ただ》しいしせいですわること。正座《せいざ》すること。あらたまった態度《たいど》をとること。

反対《はんたい》の意味《いみ》のことば

気《き》をぬく
はりつめていた心《こころ》をゆるめること。油断《ゆだん》すること。くつろぐという意味《み》で使《つか》うのはまちがい。

こんなふうにも使《つか》えるね！

〔気合《きあい》を伝《つた》えるときに〕
今日《きょう》のそうじ当番《とうばん》はまかせてください。きのうはなまけて先生《せんせい》に注意《ちゅうい》されたけど、今日《きょう》から**えりを正《ただ》して**取《と》り組《く》みます。

クイズ！

「えり」ということばが入《はい》った慣用句《かんようく》。こびるという意味《いみ》だよ。正《ただ》しいのはどちら？

A《エイ》 えりがつく
B《ビー》 えりにつく

答《こた》えは122ページ

12　13

ことばの意味《いみ》だよ。

ことばを使《つか》った文章《ぶんしょう》の例《れい》だよ。

ことばの由来《ゆらい》や使《つか》い方《かた》の注意点《ちゅういてん》などを解説《かいせつ》しているよ。

ことばを使《つか》える場面《ばめん》を紹介《しょうかい》するコラム。この本《ほん》では、まんがやこのコラムを合《あ》わせて九十《きゅうじゅう》以上《いじょう》の使《つか》い方《かた》の例《れい》を紹介《しょうかい》しているよ。

ことばにまつわるクイズだよ。

「慣用句《かんようく》カード」を作《つく》ってみよう！

この本《ほん》で知《し》った慣用句《かんようく》の意味《いみ》や使《つか》い方《かた》をカードにまとめてみよう。カードのひな形《がた》がこの本《ほん》のさいごにあるよ。書《か》き方《かた》は26ページを参考《さんこう》にしよう。

慣用句《かんようく》

はらを決《き》める

意味《いみ》
まよいをすてて決心《けっしん》する。また、かくごを決める。

使《つか》い方《かた》
ぼくには、将来《しょうらい》、やりたい仕事《しごと》がふたつある。ずっとどっちにしようかまよっていたけれど、ついにはらを決《き》めて、ひとつにしぼった。

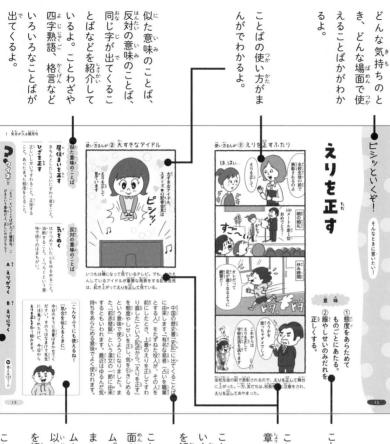

もくじ

慣用句《かんようく》ってどんなもの？ 2
この本《ほん》の使《つか》い方《かた》 3
この本《ほん》の登場人物《とうじょうじんぶつ》 8

1 がんばるぞ！ 気合《きあい》が入《はい》る慣用句《かんようく》

うでによりをかける 10
えりを正《ただ》す 12
エンジンがかかる 14
かたずをのむ 16
活《かつ》を入《い》れる 17
尻《しり》に火《ひ》がつく 18
手《て》にあせをにぎる 20
乗《の》りかかった船《ふね》 21
はらを決《き》める 22
火花《ひばな》をちらす 23
まんを持《じ》す 24
慣用句《かんようく》カードを作《つく》ろう 26
かってに！ 慣用句《かんようく》ランキング 28

2 言《い》われてみたい慣用句《かんようく》

うれしいな〜

板《いた》につく 30
打《う》てばひびく 32
大船《おおぶね》に乗《の》る 34
心《こころ》がおどる 36
白羽《しらは》の矢《や》が立《た》つ 38
鼻《はな》が高《たか》い 40
道《みち》が開《ひら》ける 42
実《み》をむすぶ 43
目《め》が高《たか》い 44

目《め》の中《なか》に入《い》れてもいたくない 45
正《ただ》しい使《つか》い方《かた》はどっち？ 46

3 友《とも》だち・家族《かぞく》と使《つか》う慣用句《かんようく》

あの子《こ》と、その子《こ》と

一目《いちもく》おく 50
うりふたつ 52
同《おな》じかまのめしを食《く》う 53
気《き》がおけない 54
口《くち》をそろえる 55
首《くび》を長《なが》くする 56

世話《せわ》をやく 58
なかを取《と》り持《も》つ 60
話《はなし》に花《はな》がさく 62
はらをわる 63
水《みず》に流《なが》す 64
わかるかな？ 虫食《むしく》いクイズにちょうせん！ 66
わかるかな？ 虫食《むしく》いクイズ上級編《じょうきゅうへん》 68

4 残《ざん》念《ねん》な慣《かん》用《よう》句《く》

トホホ……

青菜《あおな》に塩《しお》 70
あげ足《あし》を取《と》る 72
足《あし》がぼうになる 74
頭《あたま》をかかえる 76
後《うし》ろがみを引《ひ》かれる 77
顔《かお》から火《ひ》が出《で》る 78
かみなりが落《お》ちる 79
口《くち》が軽《かる》い 80
さじを投《な》げる 81
そこがあさい 82
棚《たな》に上《あ》げる 84
二《に》の足《あし》をふむ 86
歯《は》が立《た》たない 88
火《ひ》に油《あぶら》を注《そそ》ぐ 89
氷山《ひょうざん》の一角《いっかく》 90
ふに落《お》ちない 91
ほねがおれる 92

道草《みちくさ》を食《く》う 94
耳《みみ》にたこができる 95
やってみよう！ 慣用句《かんようく》線《せん》つなぎ 96
かってに！ 慣用句《かんようく》ランキング 98

5 鳥《とり》も魚《さかな》も動物《どうぶつ》も！

いきものにまつわる 慣用句《かんようく》

馬《うま》が合《あ》う 100
借《か》りてきたねこ 102
きつねにつままれる 104
さばを読《よ》む 105
すずめのなみだ 106

たぬき寝入《ねい》り 108
月《つき》とすっぽん 109
つるの一声《ひとこえ》 110
ねこの手《て》も借《か》りたい 112
羽《はね》をのばす 114
アクティビティ／慣用句《かんようく》お絵《え》かきクイズ 116
楽《たの》しくちょうせん！ 慣用句《かんようく》新聞《しんぶん》を作《つく》ろう 118
クイズの答《こた》え 122
さくいん 125

この本《ほん》の登《とう》場《じょう》人《じん》物《ぶつ》

この本《ほん》の四《よ》人《にん》の登場人物《とうじょうじんぶつ》を紹介《しょうかい》するよ！

マコ

めんどう見《み》のいいお姉《ねえ》さんタイプ。アイドルグループ「スターズ★」に夢中《むちゅう》で、マネージャーになりたい。ヒマリとはおさななじみ。

イッキ

元気《げんき》なお調子者《ちょうしもの》。食《た》べることが大《だい》すきで、料理《りょうり》もとくい。おわらいや動《どう》画《が》配信《はいしん》など、人《ひと》を楽《たの》しませるのがすき。

ソウタ

物知《ものし》りで昆虫《こんちゅう》が大《だい》すき。みんなと遊《あそ》ぶより、昆虫《こんちゅう》の観察《かんさつ》をしていたいマイペースなタイプ。がんこな一面《いちめん》も。

ヒマリ

ふだんはおっとりしているが、実《じつ》はスポーツ万《ばん》能《のう》。たのまれるといやと言《い》えず、がんばってしまうお人《ひと》よし。

がんばるぞ!

1 気《き》合《あい》が入《はい》る慣《かん》用《よう》句《く》

気《き》合《あい》を入《い》れたい、
きんちょうに負《ま》けずがんばりたい、
そんな、ここぞというときに
ぴったり合《あ》う表現《ひょうげん》を見《み》つけよう!

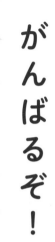

自分《じぶん》の力《ちから》を出《だ》しきるぞ！

そんなときに言《い》いたい！

うでによりをかける

意味《いみ》

自分《じぶん》のとくいなことのために、十分《じゅうぶん》に実力《じつりょく》を出《だ》しきろうと意気《いき》ごむ。

使《つか》い方《かた》まんが 1 遠《えん》足《そく》のおべんとう

明日《あした》の遠足《えんそく》のおべんとう、何《なに》を作《つく》ってもらう？
サンドイッチかな？
えっと〜
オレはね、からあげでしょ
あと、エビフライにたまごやきに肉《にく》まきポテトに…
おうちの人《ひと》たいへん…
遠足当日《えんそくとうじつ》
ど〜ん！
どうだーっ!!
オレがうでによりをかけた自信作《じしんさく》！
えー!?
イッキが作《つく》ったの!?
スゴーイ！

ぼくは料理《りょうり》がとくいなので、遠足《えんそく》のおべんとうをうでによりをかけて作《つく》った。それを見《み》た友《とも》だちが「すごい」とおどろいていた。

使《つか》い方《かた》まんが 2 プラモデル

カッコイイ!!
うでによりをかけて カブトムシのための スペシャルディナーを作《つく》るぞ!
ワクワク
はちみつ

すごく大《おお》きなカブトムシをつかまえた。長《なが》く元気《げんき》でいてほしいから、カブトムシのためにうでによりをかけてスペシャルなえさを作《つく》ろうと張《は》り切《き》った。

「うで」は、ぎじゅつや能力《のうりょく》、つまりうで前《まえ》のこと。「よりをかける」とは、何本《なんぼん》かの糸《いと》をねじり合《あ》わせて一本《いっぽん》にすることです。細《ほそ》くて弱《よわ》い糸《いと》も「よりをかける」ことでじょうぶになることから、実力《じつりょく》を十分《じゅうぶん》に出《だ》しきろうとはりきることを「うでによりをかける」というようになりました。

もともと自信《じしん》のあることを、はりきって行《おこな》うときによく使《つか》う慣用句《かんようく》です。

似《に》た意味《いみ》のことば

うでをふるう
自分《じぶん》のとくいなことを十分《じゅうぶん》に人《ひと》に見《み》せること。

鼻《はな》息《いき》があらい
意気《いき》ごみがはげしい。強気《つよき》である。

反対《はんたい》の意味《いみ》のことば

手《て》をぬく
手間《てま》をはぶいて、いいかげんなことをすること。

「よりをかける」だけでも同《おな》じように使《つか》えるよ

クイズ!

「より」ということばが入《はい》った慣用句《かんようく》。人《ひと》の関係《かんけい》をもとの状態《じょうたい》にするという意味《いみ》だよ。□に入《はい》ることばは?

よりを□□□(ひらがなで)

答《こた》えは122ページ

ビシッといくぞ！

そんなときに言《い》いたい！

えりを正《ただ》す

意《い》味《み》

①態度《たいど》をあらためてものごとにあたる。

②服《ふく》やしせいのみだれを正《ただ》しくする。

使《つか》い方《かた》まんが 1 えりを正《ただ》すふたり

全校生徒《ぜんこうせいと》の前《まえ》で表彰《ひょうしょう》されるので、えりを正《ただ》して舞台《ぶたい》に上《あ》がった。一方《いっぽう》、友《とも》だちは、校長先生《こうちょうせんせい》に注意《ちゅうい》をされ、えりを正《ただ》してあやまった。

使《つか》い方《かた》まんが 2 大《だい》すきなアイドル

いつもは横《よこ》になって見《み》ているテレビ。でも、おうえんしているアイドルが重要《じゅうよう》な発表《はっぴょう》をする記者会見《きしゃかいけん》は、起《お》き上《あ》がってえりを正《ただ》して見《み》ている。

中国《ちゅうごく》の歴史書《れきししょ》『史記《しき》』に出《で》てくることばに由来《ゆらい》します。「有名《ゆうめい》な易者《えきしゃ》（占《うらな》いを職業《しょくぎょう》とする人《ひと》）をたずねた役人《やくにん》が、その人《ひと》を前《まえ》にしたとき、上着《うわぎ》のえりを正《ただ》してすわり直《なお》した」という記述《きじゅつ》から、「えりを正《ただ》す」を態度《たいど》やしせいを正《ただ》し、気《き》を引《ひ》きしめるという意味《いみ》で使《つか》うようになりました。また、『前赤壁賦《ぜんせきへきふ》』という漢文《かんぶん》の一節《いっせつ》に由来《ゆらい》するともいわれます。最近《さいきん》はゆるんだ気《き》持《も》ちをあらためる意味《いみ》でよく使《つか》われます。

似《に》た意味《いみ》のことば

居住《いず》まいを正《ただ》す
きちんとしたしせいにすわり直《なお》すこと。

ひざを正《ただ》す
正《ただ》しいしせいですわること。正座《せいざ》すること。あらたまった態度《たいど》をとること。

反対《はんたい》の意味《いみ》のことば

気《き》をぬく
はりつめていた心《こころ》をゆるめること。油断《ゆだん》すること。くつろぐという意味《いみ》で使《つか》うのはまちがい。

こんなふうにも使《つか》えるね!

【気合《きあい》を伝《つた》えるときに】
今日《きょう》のそうじ当番《とうばん》はまかせてください。きのうはなまけて先生《せんせい》に注意《ちゅうい》されたけど、今日《きょう》から**えりを正《ただ》して**取《と》り組《く》みます。

クイズ!

「えり」ということばが入《はい》った慣用句《かんようく》。こびるという意味《いみ》だよ。正《ただ》しいのはどちら?

A《エイ》　**えりがつく**

B《ビー》　**えりにつく**

答《こた》えは122ページ

やる気《き》が出《で》てきた！

そんなときに言《い》いたい！

エンジンがかかる

意《い》味《み》

本来《ほんらい》の調子《ちょうし》が出《で》ること。
また、いきおいがつくこと。

使《つか》い方《かた》まんが 1 のせ上手《じょうず》

勉強《べんきょう》は苦手《にがて》でやる気《き》がしない。でも、お母《かあ》さんに何《なん》度《ど》もほめられると、だんだんとやる気《き》になってエンジンがかかってきた。

使《つか》い方《かた》まんが 2 あと少《すこ》し早《はや》ければ…

バスケットの試合《しあい》では最後《さいご》にゴールを決《き》めたけど、エンジンがかかるのがおそかったので、勝《か》つことはできなかった。

止《と》まっている車《くるま》やバイクは、エンジンをかけないと走《はし》り出《だ》すことができません。これにたとえて、今《いま》まで止《と》まっていたものごとが進《すす》み始《はじ》めた、調子《ちょうし》が出《で》てきたということを「エンジンがかかる」といいます。

勉強《べんきょう》や運動《うんどう》も、はじめはやる気《き》が出《で》なくても、やり始《はじ》めたら調子《ちょうし》が出《で》てきて、いきおいがつくことがありますよね。そんなときなどに使《つか》いましょう。

似《に》た意味《いみ》のことば

波《なみ》に乗《の》る
時《とき》の流《なが》れに乗《の》ってさかえる。また、調子《ちょうし》に乗《の》ること。

はく車《しゃ》をかける
ものごとの進《すす》みをより早《はや》めること。

外来語《がいらいご》が出《で》てくる慣用句《かんようく》

バトンをわたす
仕事《しごと》や役割《やくわり》を次《つぎ》の人《ひと》に引《ひ》きわたすこと。

レッテルをはる
人《ひと》に対《たい》して、一方的《いっぽうてき》によくない評価《ひょうか》をつけること。

メスを入《い》れる
問題《もんだい》を解決《かいけつ》するために、思《おも》い切《き》った手段《しゅだん》をとること。

?クイズ!

外来語《がいらいご》が出《で》てくる慣用句《かんようく》。今《いま》までつづいてきたことを終《お》わりにするという意味《いみ》だよ。□に入《はい》ることばは?

□□□□□を打《う》つ(カタカナで)

答《こた》えは122ページ

かたずをのむ

意《い》味《み》

ものごとのなりゆきをきんちょうして見守《みまも》る。

きんちょうをすると口《くち》の中《なか》につばがたまります。たまったつばは、ねばり気《け》が強《つよ》くて飲《の》みこみにくいことから、「かたず」といいます。漢字《かんじ》では固唾《かたず》（固《かた》い唾《つば》）と書《か》きます。その「かたず」をのみこむような、どきどきする場面《ばめん》で使《つか》います。

似《に》た意《い》味《み》のことば

手《て》にあせをにぎる
↓20ページ

目《め》がはなせない
気《き》になって、つねに目《め》で追《お》ってしまう状態《じょうたい》のこと。

使《つか》い方《かた》まんが　目《め》がはなせない!

カマキリのだっぴを
ドキドキ
あと少《すこ》しだ!
がんばれ!
ひとばん中《じゅう》、かたずをのんで見守《みまも》った

かっているカマキリがだっぴを始《はじ》めた。ちゃんとだっぴできるかが気《き》になり、そのようすをひとばん中《じゅう》、かたずをのんで見守《みまも》った。

活《かつ》を入《い》れる

使《つか》い方《かた》まんが　陸上《りくじょう》きょうぎ大会《たいかい》

ヒマリー！　もうすぐ陸上《りくじょう》きょうぎ大会《たいかい》だね！ガンバ！
バシッ！
キャッ！
う、うん!!
がんばってね!!
イテテ…
活《かつ》を入《い》れてくれてありがとう

陸上《りくじょう》きょうぎ大会《たいかい》が近《ちか》づき、とてもきんちょうしていたけれど、友《とも》だちが「がんばれ」と活《かつ》を入《い》れてくれたおかげで、気持《きも》ちがほぐれてやる気《き》が出《で》た。

意《い》味《み》

しげきをあたえて気力《きりょく》を起《お》こさせること。

「活《かつ》」とは、もともとは柔道《じゅうどう》などで使《つか》われる、気絶《きぜつ》した人《ひと》を目《め》ざめさせるわざのことです。そこから、元気《げんき》のない人《ひと》や弱《よわ》ってしまっている人《ひと》にしげきをあたえて、元気《げんき》づける意味《いみ》で使《つか》われるようになりました。

似《に》た意味《いみ》のことば

気合《きあい》を入《い》れる
気持《きも》ちを引《ひ》きしめる。やる気《き》を起《お》こさせる。

ねじをまく
ゆるんだ態度《たいど》や気持《きも》ちを、注意《ちゅうい》したりはげましたりして引《ひ》きしめる。

もう、やるしかない！

そんなときに言《い》いたい！

尻《しり》に火《ひ》がつく

意《い》味《み》

ものごとがさしせまって、追《お》いつめられている状態《じょうたい》。

使《つか》い方《かた》まんが 1 考《かんが》えているときが楽《たの》しくて

作文《さくぶん》に何《なに》を書《か》こうかとゆっくり考《かんが》えていたら、いつの間《ま》にか時間《じかん》がすぎてしまい、いよいよ尻《しり》に火《ひ》がついてしまった。

使《つか》い方《かた》まんが 2 夏休《なつやす》みの宿題《しゅくだい》

あれ!? もう8月《がつ》31日《にち》!?
夏休《なつやす》みの宿題《しゅくだい》やってないよぉ
宿題の山
あいつ…尻《しり》に火《ひ》がついていることに、やっと気《き》づいたか
やれやれ…

「夏休《なつやす》みは長《なが》いから、宿題《しゅくだい》はあとでだいじょうぶ」と思《おも》っていたら、あっという間《ま》に夏休《なつやす》み最後《さいご》の日《ひ》。宿題《しゅくだい》が終《お》わらず、尻《しり》に火《ひ》がついていることに気《き》づいた。

もし、あなたのお尻《しり》に火《ひ》がついたとしたら……。気《き》づいたしゅんかんに、じっとしていられないほど大《おお》あわてで火《ひ》を消《け》そうとすることでしょう。

そんなようすにたとえて、急《いそ》がなければならないものごとが間近《まぢか》にせまったときに、あわてふためくことを「尻《しり》に火《ひ》がつく」といいます。

宿題《しゅくだい》、やくそくごとなどは、尻《しり》に火《ひ》がつく前《まえ》にかたづけたいものですね。

尻《しり》が出《で》てくることば

頭《あたま》かくして尻《しり》かくさず

悪《わる》いことや欠点《けってん》などの一部《いちぶ》をかくして、すべてをかくした気《き》になること。↓1巻《かん》40ページ

尻《しり》が重《おも》い

ものごとを始《はじ》めるまでに時間《じかん》がかかる。取《と》りかかるのがおそいこと。

尻《しり》をたたく

やる気《き》が出《で》るようにはげましたり、行動《こうどう》するようにうながす。

さらに時間《じかん》がなくてこまったときは「まゆに火《ひ》がつく」というよ

?クイズ!

尻《しり》が出《で》てくる慣用句《かんようく》。他人《たにん》のしっぱいの後始《あとし》末《まつ》をするという意味《いみ》だよ。正《ただ》しいのはどちら？

A《エイ》 **尻《しり》がわれる**

B《ビー》 **尻《しり》をぬぐう**

答《こた》えは122ページ

はらはら、どきどき！

そんなときに言《い》いたい！

手《て》にあせをにぎる

意味《いみ》

きんぱくした状況《じょうきょう》に、きんちょうしたりこうふんしたりすること。

スポーツや映画《えいが》を見《み》て、はらはらどきどきしていると、体《からだ》に力《ちから》が入《はい》り手《て》をにぎりしめていることがあります。手《て》のひらにかいたあせをにぎりしめるほどの、きんちょう感《かん》を表現《ひょうげん》したことばです。

使《つか》い方《かた》まんが　カブトムシ VS《ブイエス》 クワガタ

こ、これは…手《て》にあせをにぎるたたかいだ！
カブトいけー
クワガタもいいぞー

カブトムシとクワガタムシのたたかいは、どちらも一歩《いっぽ》もゆずらず、手《て》にあせをにぎるたたかいだった。

手《て》が出《で》てくることば

手《て》がこむ
手間《てま》がかかっていること。ものごとがふくざつなこと。

手《て》にあまる
自分《じぶん》の実力《じつりょく》ではどうにもできないこと。

手塩《てしお》にかける
人《ひと》にまかせず、自《みずか》らの手《て》でめんどうを見《み》ること。

ここまできたら、やめられない

そんなときに言いたい！

乗《の》りかかった船《ふね》

使《つか》い方《かた》まんが　意外《いがい》な代役《だいやく》

ヒマリ！学芸会《がくげいかい》でオレの代役《だいやく》をたのむ
お願《ねが》い〜
え⁉ わたし？
まさかの王子役《おうじやく》⁉ でも乗《の》りかかった船《ふね》よ！
最後《さいご》までやり切《き》るわ

学芸会《がくげいかい》で代役《だいやく》をたのまれ、王子役《おうじやく》をやることになった。目立《めだ》ちたくなかったけれど、乗《の》りかかった船《ふね》と心《こころ》に決《き》め、最後《さいご》までやりとげた。

意味《いみ》

一度《いちど》かかわった以上《いじょう》、とちゅうでやめるわけにはいかないということ。

船《ふね》に乗《の》りこんだら、目的地《もくてきち》につくまではおりることができません。そこから、一度《いちど》始《はじ》めたり引《ひ》き受《う》けたりしたことは、たとえ事情《じじょう》がかわっても、最後《さいご》までやりとげるしかないことのたとえとして使《つか》われるようになりました。「乗《の》りかけた船《ふね》」ともいいます。

似《に》た意味《いみ》のことば

きこのいきおい

「きこ（騎虎《きこ》）」とは、とらの背中《せなか》に乗《の》ること。いきおいがついて、とちゅうでやめられないこと。

そんなときに言《い》いたい！

はらを決《き》める

意《い》味《み》

まよいをすてて決心《けっしん》する。また、かくごを決《き》める。

昔《むかし》、心《こころ》や気持《きも》ちはおなかの中《なか》にあると考《かんが》えられていました。だから、心《こころ》の状態《じょうたい》を表《あらわ》すことばには「はら」がたくさん出《で》てきます。「はらを決《き》める」は「心《こころ》を決《き》める」ということです。

使《つか》い方《かた》まんが　将来《しょうらい》の夢《ゆめ》

将来《しょうらい》、おわらい芸人《げいにん》になるべきか…
イッキチャンネルで〜す！
なんでやねん！
動画《どうが》クリエーターになるべきか…
よし!!
オレは動画《どうが》クリエーターになる！
はらを決《き》めたぞ！

ぼくには、将来《しょうらい》、やりたい仕事《しごと》がふたつある。ずっとどっちにしようかまよっていたけれど、ついにはらを決《き》めて、ひとつにしぼった。

はらが出《で》てくることば

はらが黒《くろ》い
心《こころ》の中《なか》によくない思《おも》いをかかえていること。

はらがすわる
気持《きも》ちがゆれ動《うご》かない。かくごができている。

はらにおさめる
じょうほうなどを、自《じ》分《ぶん》の心《こころ》の中《なか》だけにしまっておくこと。

火《ひ》花《ばな》をちらす

使《つか》い方《かた》まんが　おかわりじゃんけん

あいこでしょっ！
あいこでしょっ！
あいこで…
給食《きゅうしょく》のおかわりをめぐって、火花《ひばな》をちらすたたかいがくり広《ひろ》げられている…
プリン

ぼくのクラスでは、給食《きゅうしょく》のあまりは、じゃんけんで勝《か》った人《ひと》がおかわりをできるルールだ。人気《にんき》メニューがあまった日《ひ》は、みんな火花《ひばな》をちらしている。

意《い》味《み》

おたがいに真正面《ましょうめん》からはげしくたたかうようす。

かつて「たたかう」といえば、たがいに刀《かたな》を手《て》にしての真剣勝負《しんけんしょうぶ》。刀《かたな》と刀《かたな》がぶつかり合《あ》うとき、火花《ひばな》がとびちったことから、人《ひと》と人《ひと》とがはげしくあらそうことを「火花《ひばな》をちらす」と表《あらわ》すようになりました。「火《ひ》をちらす」ということもあります。

似《に》た意味《いみ》のことば

しのぎをけずる

「しのぎ」は、刀《かたな》の真《ま》ん中《なか》のふくらんだ部分《ぶぶん》。ここがけずれるほど、はげしくあらそうこと。

じゅんびはばっちり！

そんなときに言《い》いたい！

まんを持《じ》す

意《い》味《み》

①十分《じゅうぶん》なじゅんびをしてチャンスや出番《でばん》を待《ま》つ。
②ものごとがもっとも高《たか》まった状態《じょうたい》のこと。

もともとは、矢《や》を放《はな》つ前《まえ》に弓《ゆみ》を十分《じゅうぶん》に引《ひ》いてかまえ、いつでも矢《や》が放《はな》てる状態《じょうたい》でいることをいいました。

これがもとになり、いつしか、しっかりじゅんびを整《ととの》えてチャンスを待《ま》つこと、または、ものごとのじゅんびができている、ちょうどいいタイミングであることを意味《いみ》することばとして使《つか》われるようになりました。「まんを持《じ》する」ということもあります。

使《つか》い方《かた》まんが 1 あつく語《かた》る

ダンスレッスン1年《ねん》！
ボーカルレッスン1年《ねん》!!
オーディション合格《ごうかく》!!
そして！
へ、へぇ～そうなんだ～
まんを持《じ》して、去年《きょねん》、デビューをむかえたのがスターズ★なのよ！

わたしがおうえんしているアイドルは、歌《うた》やダンスの練習《れんしゅう》を重《かさ》ね、まんを持《じ》してデビューし、今《いま》ではテレビや舞台《ぶたい》で大活躍《だいかつやく》している。

使《つか》い方《かた》まんが 2 アンカー登場《とうじょう》

ソウタからバトンがわたりました
はい!!
赤組《あかぐみ》、どんどん追《お》い上《あ》げてきました!
さぁ! まんを持《じ》してスポーツ万能《ばんのう》な赤組《あかぐみ》のエースヒマリが登場《とうじょう》です!
はずかしいよ…

赤組《あかぐみ》と白組《しろぐみ》がいい勝負《しょうぶ》をくりひろげているリレー対決《たいけつ》。まんを持《じ》して登場《とうじょう》した赤組《あかぐみ》のアンカーは、学年《がくねん》でいちばん足《あし》が速《はや》い友《とも》だちだった。

似《に》た意味《いみ》のことば

虎《こ》視《し》眈《たん》々《たん》

機会《かい》をねらってじっとようすをうかがうこと。→4巻《かん》77ページ

手《て》ぐすね引《ひ》く

用意《ようい》をして待《ま》ちかまえること。「くすね」とは弓《ゆみ》のつる（糸《いと》の部分《ぶぶん》）を強《つよ》くするためにぬるもの。

機《き》がじゅくす

ものごとを行《おこな》うのにぜっこうのタイミングになったこと。

つめを研《と》ぐ

ひそかに野望《やぼう》を持《も》ち、じゅんびをして機会《かい》を待《ま》ちかまえること。

？クイズ！

持の字《じ》が出《で》てくる慣用句《かんようく》。対立《たいりつ》しているものの一方《いっぽう》の味方《みかた》をするという意味《いみ》だよ。□に入《はい》ることばは？

□□を持《も》つ（ひらがなで）

答《こた》えは122ページ

慣《かん》用《よう》句《く》カードを作《つく》ろう

気《き》に入《い》った慣《かん》用《よう》句《く》、使《つか》いたい慣《かん》用《よう》句《く》を選《えら》んでカードにまとめてみましょう。

作《つく》り方《かた》

1 すきな慣《かん》用《よう》句《く》を選《えら》ぼう

この本《ほん》を読《よ》んで、気《き》に入《い》った慣《かん》用《よう》句《く》を書《か》きとめておくといいでしょう。

2 意《い》味《み》を調《しら》べよう

この本《ほん》や国《こく》語《ご》辞《じ》典《てん》などで、慣《かん》用《よう》句《く》の正《ただ》しい意《い》味《み》をかくにんします。

3 使《つか》い方《かた》を考《かんが》えよう

この本《ほん》のまんがなどを参《さん》考《こう》にして、どんな場《ば》面《めん》で使《つか》われるかを考《かんが》えましょう。

4 カードにまとめよう

左《ひだり》ページのようにカードに書《か》きこみます。カードのひな形《がた》はこの本《ほん》の最《さい》後《ご》にあります。

タブレットやパソコンでも作《つく》れるよ

このQR《キューアール》コードから、カードのPDF《ピーディーエフ》がダウンロードできるよ。そのデータを使《つか》って、タブレットやパソコンでまとめてもいいね。

カードを作《つく》ったら

みんなで発《はっ》表《ぴょう》しよう

作《つく》ったカードを順《じゅん》番《ばん》に読《よ》み上《あ》げましょう。みんなはどんな慣《かん》用《よう》句《く》を選《えら》んだでしょうか? みんなの作《つく》った使《つか》い方《かた》もよく聞《き》きましょう。

かるたにしてみよう

カードのうらに慣《かん》用《よう》句《く》の一《いち》文《も》字《じ》目《め》と絵《え》をかいて、とりふだにします。読《よ》み手《て》が慣《かん》用《よう》句《く》を読《よ》み上《あ》げて、合《あ》うふだをとります。ふだをとった人《ひと》は、表《おもて》の意《い》味《み》を読《よ》み上《あ》げます。ルールはみんなで考《かんが》えてもいいですね。

カードを集《あつ》めて本《ほん》にしよう

みんなのカードをまとめて「慣《かん》用《よう》句《く》ブック」を作《つく》ってみましょう。1巻《かん》118ページに作《つく》り方《かた》がのっています。

友《とも》だちの発《はっ》表《ぴょう》を聞《き》いたら似《に》た意《い》味《み》の慣《かん》用《よう》句《く》や、反《はん》対《たい》の意《い》味《み》の慣《かん》用《よう》句《く》が見《み》つかるかも!

カードの書《か》き方《かた》の例《れい》

【使《つか》い方《かた》を入《い》れたカード】

慣用句《かんようく》

はらを決《き》める

意味《いみ》 まよいをすてて決心《けっしん》する。また、かくごを決《き》める。

使《つか》い方《かた》 ぼくには、将来《しょうらい》、やりたい仕事《しごと》がふたつある。ずっとどっちにしようかまよっていたけれど、ついにはらを決《き》めて、ひとつにしぼった。

使《つか》い方《かた》のほかに、感想《かんそう》や似《に》た意味《いみ》のことばを入《い》れてもいいね

【絵《え》と感想《かんそう》を入《い》れたカード】

慣用句《かんようく》

実《み》をむすぶ

意味《いみ》 努力《どりょく》してきたことがよいけっかとなってあらわれる。

感想《かんそう》

目標《もくひょう》がかなうまでには時間《じかん》がかかることが多《おお》いので、実《み》が時間《じかん》をかけて実《みの》るのと似《に》ていると思《おも》った。

絵《え》は、かるたみたいにうらにかいてもいいね

【まんがと使《つか》い方《かた》を入《い》れたカード】

慣用句《かんようく》

馬《うま》が合《あ》う

意味《いみ》 とくべつに相性《あいしょう》がいいこと。よく気《き》が合《あ》うこと。

使《つか》い方《かた》 苦手《にがて》だと思《おも》っていた友《とも》だちと話《はな》してみたら、とても馬《うま》が合《あ》った。

この本《ほん》のように、慣用句《かんようく》の使《つか》い方《かた》をまんがにしてみよう！

かってに！

慣用句《かんようく》ランキング

イッキとヒマリがかってに慣用句《かんようく》をランキング！どの慣用句《かんようく》が入《はい》っているかな。

おわらいずきのイッキが選《えら》ぶ 言《い》われたくない慣用句《かんようく》ベスト3

① 耳《みみ》にたこができる

95ページ

オレのギャグを聞《き》いて、「耳《みみ》にたこができるよ〜」なんて言《い》われたらショック！　もっとネタをふやさなくちゃ……って。

② そこがあさい

82ページ

③ ふに落《お》ちない

91ページ

スポーツ万能《ばんのう》のヒマリが選《えら》ぶ 練習中《れんしゅうちゅう》のあるある慣用句《かんようく》ベスト3

① 足《あし》がぼうになる

74ページ

つかれすぎて足《あし》が動《うご》かない……なんてことはしょっちゅうあるよ。でも、それを乗《の》りこえればもっと速《はや》く走《はし》れるようになるかも！

② 尻《しり》に火《ひ》がつく

18ページ

③ エンジンがかかる

14ページ

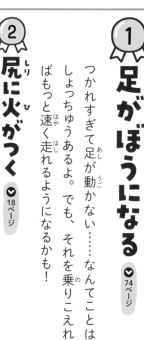

うれしいな〜 言《い》われてみたい慣《かん》用《よう》句《く》 2

こんなこと言《い》われたら、
てれちゃうけど、うれしいな。
言《い》われるようにがんばろう!
そんなうれしい慣《かん》用《よう》句《く》がいっぱい!

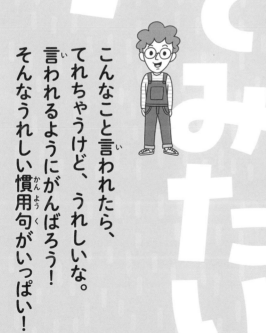

板《いた》につく

使《つか》い方《かた》まんが 1 えんぎ

へぇ～
このアイドルもえんぎが板《いた》についてきたわね
待《ま》って！
キャッキャッ
でしょでしょ～
そうなの！いつかわたしがマネージャーになって、もっとかがやかせてあげたいの～

デビューしたばかりのころは、せりふがぼう読《よ》みだったアイドルも、けいけんを重《かさ》ねて、えんぎが板《いた》についてきたようだ。

意《い》味《み》

①役者《やくしゃ》が芸《げい》をみがき、舞台《ぶたい》にふさわしくなる。
②ふるまいが仕事《しごと》や役目《やくめ》になれ、なじむ。

もとは歌舞伎《かぶき》用語《ようご》。「板《いた》」は板《いた》ばりの舞台《ぶたい》のこと。その舞台《ぶたい》の上《うえ》に立《た》つすがたがしっくり見《み》えれば一人前《いちにんまえ》とみとめられたことから、できたことばです。そこから、芸《げい》ごとにかぎらず、仕事《しごと》や役目《やくめ》にふさわしくなったことを表《あらわ》すようになりました。ただし、これは相手《あいて》を評価《ひょうか》することばなので、「先生《せんせい》、仕事《しごと》が板《いた》についてきましたね」などと、目上《めうえ》の人《ひと》に使《つか》うのは失礼《しつれい》です。

使《つか》い方《かた》まんが 2 クラス委員《いいん》

ソウタがクラス委員《いいん》になった
えー
これだっけ…
えっと
今日《きょう》決《き》めるのは…何《なん》だっけ？
がんばれ!!
1か月後《げつご》
意見《いけん》のある人《ひと》は手《て》をあげてー
クラス委員《いいん》が板《いた》についてる！やるじゃん！ソウタ！
プリント集《あつ》めたよ～
あっ!!
副委員《ふくいいん》はまだまだみたいだけど…
バサ～ッ

友《とも》だちがクラス委員《いいん》になってから１か月《げつ》。さいしょはおどおどしていたのに、今《いま》ではすっかりクラス委員《いいん》が板《いた》につき、たのもしく見《み》えた。

似《に》た意味《いみ》のことば

様《さま》になる

それにふさわしいようすになること。

身《み》につく

ちしきやぎじゅつなどが、自分《じぶん》のものになること。

どうに入《い》る

学問《がくもん》や芸《げい》などのぎじゅつが、高《たか》いレベルで身《み》についていること。中国《ちゅうごく》の『論語《ろんご》』という書物《しょもつ》にある「堂《どう》にのぼりて室《しつ》に入《い》らず」から。

「どうに入《い》る」は、「どうにはいる」と読《よ》まないように気《き》をつけよう

クイズ！

板の字が出《で》てくる慣用句《かんようく》。対立《たいりつ》する人《ひと》の間《あいだ》でどちらにもつけずにこまるという意味《いみ》だよ。□に入《はい》ることばは？

板《いた》□□□になる（ひらがなで）

答《こた》えは122ページ

いい反応《はんのう》！

そんなときに言《い》いたい！

打《う》てばひびく

意《い》味《み》

何《なに》かをしたり、話《はな》したことに対《たい》して、すぐにいい反応《はんのう》をしてくれる。

使《つか》い方《かた》まんが 1 昆虫《こんちゅう》のことなら…

ぼくの友《とも》だちは虫《むし》が大《だい》すきで、虫《むし》のことなら打《う》てばひびく反応《はんのう》をする。でも、虫《むし》のかんさつをしているときは、話《はな》しかけても何《なに》も答《こた》えてくれない。

使《つか》い方《かた》まんが 2 スポーツ万能少女《ばんのうしょうじょ》

聞《き》いたよ！
ヒマリちゃん、球技《きゅうぎ》もどんどん上達《じょうたつ》しているんだって!?
え、え…。
あなたみたいに打《う》てばひびくような人《ひと》をさがしていたの
野球《やきゅう》クラブにも入《はい》って！
お願《ねが》い♥

わたしの友《とも》だちはスポーツ万能《ばんのう》。どんなスポーツでも教《おし》えてもらったらすぐにマスターしてしまう、打《う》てばひびくような少女《しょうじょ》だ。

「打《う》てばひびく」は、鐘《かね》や太鼓《たいこ》を打《う》つとすぐに音《おと》がひびくことに由来《ゆらい》しているといわれています。すぐにいい反応《はんのう》を返《かえ》してくれたときに、またはいい反応《はんのう》をしてくれる人《ひと》に対《たい》して、ほめことばとして使《つか》います。

また、太鼓《たいこ》はあまり練習《れんしゅう》をしなくてもいい音《おと》を出《だ》すことができることから、「すぐにせいかがあらわれる」という意味《いみ》でも使《つか》います。

反対《はんたい》の意味《いみ》のことば

豆腐《とうふ》にかすがい

手《て》ごたえやこうかを何《なに》も感《かん》じないこと。
↓1巻《かん》112ページ

のれんにうでおし

まるで手《て》ごたえがなくひょうしぬけすること。↓1巻《かん》55ページ

ふえふけどもおどらず

こちらがじゅんびをしても、相手《あいて》がこたえてくれないようす。

こんなふうにも使《つか》えるね！

【ボランティア活動《かつどう》のほうこく文《ぶん》に】

地震《じしん》のひさい地《ち》に募金《ぼきん》を送《おく》ろうとていあんしたら、クラスのみんなは**打《う》てばひびく**反応《はんのう》で、すぐに活動《かつどう》を始《はじ》めることができました。

？クイズ！

楽器《がっき》にまつわる慣用句《かんようく》。適当《てきとう》なことを言《い》ってごまかすという意味《いみ》だよ。□に入《はい》る日本《にほん》の楽器《がっき》は？

□□□□□をひく（ひらがなで）

答《こた》えは122ページ

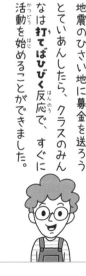

これで心配《しんぱい》なし

大《おお》船《ぶね》に乗《の》る

そんなときに言《い》いたい！

意《い》味《み》

信《しん》じられるものにまかせたり、きけんなことがなくなったりして安心《あんしん》すること。

使《つか》い方《かた》まんが 1 期待《きたい》されるとつい…

マコちゃん、いつも算数《さんすう》のテスト、点数《てんすう》いいよね！次《つぎ》どこが出《で》るか予想《よそう》してよ
えっ!?
わかった！明日《あした》までにまとめるよ！
大船《おおぶね》に乗《の》ったつもりで待《ま》ってて！
その日《ひ》の夜《よる》
…とは言《い》ったものの、どうしよう…
ヤマをはっているわけじゃなく、地道《じみち》に勉強《べんきょう》しているだけなんだけど…
う〜〜ん
う〜ん

友《とも》だちにテストに出《で》る問題《もんだい》を予想《よそう》してほしいとお願《ねが》いされた。見《み》えをはって「大船《おおぶね》に乗《の》ったつもりで待《ま》ってて」と言《い》ってしまったが、自信《じしん》がない。

使《つか》い方《かた》まんが 2 しんらいされています

イッキはまたお兄《にい》ちゃんの部屋《へや》？
勉強《べんきょう》を教《おし》えてもらっているんだろう。大船《おおぶね》に乗《の》った気持《きも》ちでいられるなー
そのとき、兄《あに》の部屋《へや》では…
ハッ！
は〜い！○○チャンネルで〜す
やばいっ!!
シャットダウン！

お父《とう》さんとお母《かあ》さんは、ぼくがお兄《にい》ちゃんに勉強《べんきょう》を教《おし》えてもらっていると思《おも》い、大船《おおぶね》に乗《の》った気持《きも》ちでいるようだ。

船《ふね》は、大《おお》きいほど海《うみ》の上《うえ》で安定《あんてい》します。大《おお》きな船《ふね》なら、風《かぜ》がふいても、波《なみ》が立《た》っても、安心《あんしん》して乗《の》っていられますよね。そんなふうに、何《なん》の心配《しんぱい》もなく、信《しん》じられるものにすっかりまかせるという意味《いみ》で使《つか》うことばです。

「わたしにまかせて」「安心《あんしん》して」など、たよってほしい場面《ばめん》で使《つか》うのはもちろん、たよりになる人《ひと》に対《たい》して、ほめことばとして使《つか》うのもいいですね。

しっかり者《もの》のマコちゃんがいれば、大船《おおぶね》に乗《の》ったような気持《きも》ちよ〜

似《に》た意味《いみ》のことば

親船《おやぶね》に乗《の》る

「親船《おやぶね》」とは、作業《さぎょう》する小舟《こぶね》をしたがえた大《おお》きな船《ふね》のこと。安心《あんしん》した状態《じょうたい》をいう。

船《ふね》が出《で》てくることば

船《ふね》をこぐ

体《からだ》をゆらして、いねむりをしているようす。

わたりに船《ふね》

川《かわ》をわたろうとするとちょうど船《ふね》があるように、ものごとが都合《つごう》よく進《すす》むこと。

クイズ！

反対《はんたい》の意味《いみ》のことわざ。「□□□□□□で海《うみ》をわたる」の□に入《はい》るのはどちら？

A《エイ》 みかんのかわ

B《ビー》 たまごのから

答《こた》えは122ページ

わくわくが止《と》まらない！

そんなときに言《い》いたい！

心《こころ》がおどる

意味《いみ》

よろこびや期待《きたい》で楽《たの》しい気持《きも》ちになる。うきうきする。

使《つか》い方《かた》まんが 1 さそい上手《じょうず》

友《とも》だちが、みんなでバーベキューに行《い》こうとさそってくれた。心《こころ》がおどるイベントに、今《いま》からわくわくが止《と》まらない。

使《つか》い方《かた》まんが 2 うれしいニュース

大《だい》すきなアイドルが主演《しゅえん》する映画《えいが》が、今年《ことし》作《つく》られるというニュースを聞《き》いた。予想外《よそうがい》のうれしい知《し》らせに心《こころ》がおどった。

「おどる」ということばを漢字《かんじ》で書《か》くと、ふたつの表記《ひょうき》があります。ひとつは、ダンスなど音楽《おんがく》に合《あ》わせて体《からだ》を動《うご》かす「踊《おど》る」。もうひとつは、とんだりはねたりを意味《いみ》する「躍《おど》る」です。

「心《こころ》がおどる」に使《つか》われるのは、「躍《おど》る」のほうの漢字《かんじ》です。むねが高鳴《たかな》り、心《こころ》がとんだりはねたりしそうなほどのよろこびや、期待《きたい》を表《あらわ》すときに使《つか》います。「心《こころ》をおどらせる」という言《い》い方《かた》もします。

心《こころ》・むねが出《で》てくることば

心《こころ》が動《うご》く
気持《きも》ちがひかれて、その気《き》になる。また、感動《かんどう》すること。

心《こころ》が晴《は》れる
心配事《しんぱいごと》がなくなり、気持《きも》ちが明《あか》るくなる。

むねがいたむ
悲《かな》しみやあわれみでつらく感《かん》じること。また、とても心配《しんぱい》すること。

むねがおどる
よろこびや期待《きたい》でこうふんし、わくわくすること。

むねがいっぱいになる
悲《かな》しみ、よろこび、感動《かんどう》などで心《こころ》がみたされ、それしか考《かんが》えられない状態《じょうたい》になる。

?クイズ!

心《こころ》が出《で》てくる慣用句《かんようく》。強《つよ》く感動《かんどう》させるという意味《いみ》だよ。□に入《はい》ることばは?

心《こころ》を□□（ひらがなで）

答《こた》えは122ページ

まさかわたしが!?

白《しら》羽《は》の矢《や》が立《た》つ

そんなときに言《い》いたい!

意《い》味《み》

① 多《おお》くの人《ひと》の中《なか》からとくべつに選《えら》ばれること。

② 多《おお》くの人《ひと》の中《なか》からぎせい者《しゃ》として選《えら》ばれること。

使《つか》い方《かた》まんが 1 学《がく》年《ねん》の代《だい》表《ひょう》

学年《がくねん》を代表《だいひょう》して ソウタさんが
スピーチコンテストに出《で》ることが決《き》まりました
ガンバレー
やっぱりソウタに白羽《しらは》の矢《や》が立《た》ったね! 人前《ひとまえ》で話《はな》すのが上手《じょうず》になったもんね
ガンバレよ!
マコのやつ…、本当《ほんとう》は自分《じぶん》がやりたかったのか…
ハッ!
ググッ!

スピーチコンテストの出場者《しゅつじょうしゃ》は、それぞれの学年《がくねん》からひとり選《えら》ばれる。3年生《ねんせい》からは、物知《ものし》りで話《はな》すのが上手《じょうず》な友《とも》だちに白羽《しらは》の矢《や》が立《た》った。

使《つか》い方《かた》まんが 2 たいへんな仕事《しごと》

運動会《うんどうかい》のおうえんリーダーをやりたい人《ひと》、いないですか?
たいへんそう…。だれがやるのかな
し〜〜ん。
ヒマリさんがいいと思《おも》いまーす
ハイ!
ハイ!
えーーっ!!
わたしに白羽《しらは》の矢《や》が立《た》つとは!!

運動会《うんどうかい》のおうえんリーダーは、たいへんな仕事《しごと》なのでやる人《ひと》がなかなか決《き》まらなかった。そんななか、わたしに白羽《しらは》の矢《や》が立《た》ってしまった。

昔《むかし》の言《い》い伝《つた》えからできたことば。神様《かみさま》が、わざわいから村《むら》を守《まも》るかわりに、わかい女《おんな》の人《ひと》をいけにえとしてもとめました。神様《かみさま》が選《えら》んだ女《おんな》の人《ひと》の家《いえ》の屋根《やね》には、目印《めじるし》としてこっそりと白《しろ》い羽《はね》の矢《や》が立《た》てられたという言《い》い伝《つた》えから、多《おお》くの人《ひと》の中《なか》から選《えら》ばれることを「白羽《しらは》の矢《や》が立《た》つ」というようになりました。

でも、神様《かみさま》に選《えら》ばれるのは、とくべつなことでもあります。今《いま》は、いい意味《いみ》で選《えら》ばれたときにも使《つか》います。

羽の字《じ》が出《で》てくることば

切羽《せっぱ》つまる
どうすることもできない状況《じょうきょう》に追《お》いつめられている。

尾《お》羽《は》打《う》ち枯《か》らす
昔《むかし》は立派《りっぱ》だった人《ひと》が、落《お》ちぶれてみすぼらしくなること。

羽《は》ぶりがよい
地位《ちい》やお金《かね》にめぐまれていること。いせいがよいこと。

言《い》い伝《つた》えに出《で》てくる「白羽《しらは》の矢《や》」はたかの白《しろ》い羽《はね》だったといわれているよ

?クイズ!

矢の字《じ》が出《で》てくる慣用句《かんようく》。自分《じぶん》へのこうげきに少《すこ》しでも反《はん》げきをするという意味《いみ》だよ。□に入《はい》る漢数字《かんすうじ》は?

□矢《し》をむくいる

答《こた》えは122ページ

そんなときに言《い》いたい!

鼻《はな》が高《たか》い

意《い》味《み》

とくいな気持《きも》ちになる。ほこらしく思《おも》うこと。

使《つか》い方《かた》まんが 1 じまんの友《とも》だち

友《とも》だちが毎日《まいにち》行《おこな》っていたごみ拾《ひろ》い活動《かつどう》で表彰《ひょうしょう》されて、わたしまで鼻《はな》が高《たか》い。本当《ほんとう》にみんなにじまんしたい友《とも》だちだ。

使《つか》い方《かた》まんが 2 じまんのむすめ

マラソン大会《たいかい》、また1位《い》ですね
ご両親《りょうしん》も鼻《はな》が高《たか》いでしょう
はい、とてもよろこんでくれました
あれ、うちの子《こ》なの〜
すご〜い!!

マラソン大会《たいかい》は、2年《ねん》れんぞくで1位《い》をとれた。両親《りょうしん》も鼻《はな》が高《たか》いでしょうと言《い》われたが、あまりにじまんするので、ちょっとはずかしかった。

家族《かぞく》や友《とも》だちがすばらしいことをしたときは、自分《じぶん》までよい気分《きぶん》になりますよね。そんなふうに相手《あいて》をほこらしく思《おも》ったときに使《つか》うことばです。

とくいな気持《きも》ちになると、顔《かお》を上《あ》げてふんぞり返《かえ》るようなしせいになることがあります。そのとき鼻《はな》も上《うえ》を向《む》くようすから、いうようになったことばです。いかにもとくいげなさまをいう「鼻高々《はなたかだか》」という似《に》たことばもあります。

鼻《はな》が出《で》てくることば

鼻《はな》がきく
においにびんかんなこと。また、利益《りえき》になりそうなことを見《み》つけ出《だ》すのがとくい。

鼻《はな》であしらう
相手《あいて》を見下《みくだ》して、つめたい態度《たいど》をとること。

鼻《はな》にかける
じまんする。とくいげにふるまう。

鼻《はな》につく
うっとうしくていやな感《かん》じがする。気《き》に入《い》らない。

「鼻《はな》を高《たか》くする」は、とくいになるという意味《いみ》だよ

?クイズ!

鼻《はな》が出《で》てくる慣用句《かんようく》。とくいになっている気持《きも》ちをくじけさせるという意味《いみ》だよ。□に入《はい》ることばは?

鼻《はな》を□□（ひらがなで）

答《こた》えは122ページ

そんなときに言《い》いたい！

道《みち》が開《ひら》ける

使《つか》い方《かた》まんが　もしかして…

これは最高傑作《さいこうけっさく》のケーキができる予感《よかん》…
ハッ！
もしかしたら…
動画《どうが》を配信《はいしん》すれば、有名《ゆうめい》パティシエへの道《みち》が開《ひら》けるかも⁉

今日《きょう》作《つく》ったケーキは、想像以上《そうぞういじょう》にうまくできた。動画《どう》を配信《はいしん》すれば、パティシエとして有名《ゆうめい》になる道《みち》が開《ひら》けるかもしれない。

意味《いみ》

問題《もんだい》を解決《かいけつ》するやり方《かた》が見《み》つかり、きぼうが見《み》えてきた。

かなえるのがむずかしいと思《おも》っていたことが実現《じつげん》するかもしれないとき、未来《みらい》への道《みち》が見《み》えてきたという意味《いみ》で使《つか》うことばです。「〜への道《みち》が開《ひら》ける」といった使《つか》い方《かた》もよくします。

道《みち》が出《で》てくることば

いばらの道《みち》
苦労《くろう》や苦《くる》しみが多《おお》い状態《じょうたい》、または人生《じんせい》のたとえ。「いばら」は、ばらなどのとげのある植物《しょくぶつ》や、そのとげのこと。

道《みち》をつける
あとにつづく人《ひと》のために、やり方《かた》や方法《ほうほう》をしめすこと。

実《み》をむすぶ

使《つか》い方《かた》まんが　自由研究《じゆうけんきゅう》

毎日《まいにち》カイコを
かんさつした
努力《どりょく》が実《み》をむすんだな
カイコは人間《にんげん》なしでは生《い》きられない!?
①
②
金
自由研究《じゆうけんきゅう》
金賞《きんしょう》
〇年《ねん》〇組《くみ》
〇〇ソウタ
エヘヘ

ぼくの自由研究《じゆうけんきゅう》が金賞《きんしょう》をとった。毎日《まいにち》欠《か》かさずカイコをかんさつしてきた努力《どりょく》が実《み》をむすんで、本当《ほんとう》によかった。

意《い》味《み》

努力《どりょく》してきたことがよいけっかとなってあらわれる。

植物《しょくぶつ》が実《み》をつけるまでには、たねから芽《め》が出《で》て、花《はな》がさいて……とさまざまな段階《だんかい》があります。そんなふうに、これまでつみ重《かさ》ねてきた苦労《くろう》や努力《どりょく》のおかげで、よいけっかが得《え》られたという意味《いみ》で使《つか》われます。

似《に》た意味《いみ》のことば

結実《けつじつ》する

植物《しょくぶつ》に実《み》がなること。努力《どりょく》したせいかが出《で》ること。

ものになる

ものごとがかんせいする。一人前《いちにんまえ》になること。

見《み》る目《め》があるね!

そんなときに言《い》いたい!

目《め》が高《たか》い

使《つか》い方《かた》まんが　おいしいのはどっち?

ぼくはおいしい野菜《やさい》を見分《みわ》けるのがとくいだ。この前《まえ》もおいしいキャベツを選《えら》び、八百屋《やおや》のおじさんに「お目《め》が高《たか》いね」とほめられた。

意《い》味《み》

よいものを見分《みわ》ける力《ちから》がある。

ものを見分《みわ》ける目《め》、はんだんする目《め》が高《たか》いレベルにあるということで、相手《あいて》がよいものを選《えら》んだときに使《つか》うほめことばです。「お目《め》が高《たか》い」とていねいに言《い》う言《い》い方《かた》もよく使《つか》われます。

似《に》た意味《いみ》のことば

目《め》がこえる
よいものをたくさん見《み》ていて、価値《かち》を見《み》ぬく力《ちから》があること。

目《め》がきく
ものの価値《かち》を見分《みわ》ける能力《のうりょく》があること。

かわいくってたまらない！

そんなときに言《い》いたい！

目《め》の中《なか》に入《い》れてもいたくない

使《つか》い方《かた》まんが　まごとペット

ソウタはかわいいのぅ～
まごやペットは、目《め》の中《なか》に入《い》れてもいたくないというのは本当《ほんとう》じゃの～
わかる！

おじいちゃんは、ぼくのことを「目《め》の中《なか》に入《い》れてもいたくない」と、かわいがってくれる。ぼくも、ペットなら目《め》の中《なか》に入《い》れてもいたくないと思《おも》っている。

意《い》味《み》

いとおしくて、かわいくて、仕方《しかた》がないほどだということのたとえ。

あまりにかわいいので、目《め》の中《なか》に入《い》れたとしてもいたくなんかない！　と大《おお》げさにたとえたことばです。子《こ》どもやまご、ペットへのかわいがりぶりを表《あらわ》すときに使《つか》います。

目《め》が出《で》てくることば

目《め》の色《いろ》をかえる
おこったり、おどろいたり、夢中《むちゅう》になったり、急《きゅう》に目《め》つきがかわるほど感情《かんじょう》がかわること。

目《め》をうたがう
自分《じぶん》の目《め》で見《み》たのに信《しん》じられないほど、ふしぎに思《おも》う。

正《ただ》しい使《つか》い方《かた》はどっち？

それぞれの慣用句《かんようく》の使《つか》い方《かた》が正《ただ》しいほうを選《えら》ぼう。

答《こた》えは124ページ

かたずをのむ

ア

サスペンスドラマのけつまつを、**かたずをのんで**見《み》たよ

イ

サッカーの試《し》合《あい》で、みんな**かたずをのんで**大《おお》さわぎしたんだ！

答《こた》え［　　］

目《め》が高《たか》い

ア

目《め》が高《たか》いあなたなら、あの遠《とお》くの文《も》字《じ》も読《よ》めるよね？

イ

この昆虫《こんちゅう》の価《か》値《ち》がわかるなんて、きみは**目《め》が高《たか》い**な

答《こた》え［　　］

気《き》がおけない

ア

はじめて会《あ》う人《ひと》とは、**気《き》がおけない**からきんちょうしちゃう

イ

ヒマリは、何《なん》でも話《はな》せる**気《き》がおけない**友《とも》だちだよ

答《こた》え〔　　〕

口《くち》が軽《かる》い

ア

人《ひと》前《まえ》でもきんちょうせずに話《はな》せるなんて、**口《くち》が軽《かる》くて**うらやましい

イ

うちの母《かあ》ちゃんは**口《くち》が軽《かる》くて、**何《なん》でもペラペラ話《はな》しちゃうんだよな

答《こた》え〔　　〕

正《ただ》しい使《つか》い方《かた》はどっち？

火《ひ》に油《あぶら》を注《そそ》ぐ

ア

母《かあ》さんがイライラしているときにおこづかいアップをお願《ねが》いして、**火《ひ》に油《あぶら》を注《そそ》い**でしまった

イ

スターズ★のライブは、**火《ひ》に油《あぶら》を注《そそ》いだ**ように盛《も》り上《あ》がったよ！

答《こた》え〔　　〕

さばを読《よ》む

ア

さばを読《よ》んでいた問題《もんだい》がテストに出《で》たんだ。ラッキー！

イ

テストで何点《なんてん》とれるかを聞《き》かれたけど、**さばを読《よ》んで**90点《てん》って言《い》っちゃった

答《こた》え〔　　〕

あの子《こ》と、その子《こ》と

友《とも》だち・家《か》族《ぞく》と使《つか》う慣《かん》用《よう》句《く》 3

いつもいっしょの友《とも》だちや
家《か》族《ぞく》とのおしゃべりにぴったりな
楽《たの》しい慣《かん》用《よう》句《く》だよ！

あいつにはかなわない

そんなときに言《い》いたい！

一《いち》目《もく》おく

意《い》味《み》

相手《あいて》が自分《じぶん》よりすぐれていることをみとめ、一歩《いっぽ》ゆずる。敬意《けいい》をはらう。

使《つか》い方《かた》まんが 1 くやしいけれど…

だめだ…。
足《あし》の速《はや》さではもうヒマリに勝《か》てない！
ヒュン!!
リレーのクラス代表《だいひょう》はヒマリさんがいいと思《おも》う人《ひと》ー？
サッ!
あれ？
いいの？いつも自分《じぶん》が出《で》たがるのに
オレはあいつの足《あし》の速《はや》さには一目《いちもく》おいているんだ
くっ
クラスの代表《だいひょう》はあいつしかいない
くやしいけど…

足《あし》の速《はや》さには自信《じしん》があったけれど、この間《あいだ》、友《とも》だちに100メートル走《そう》で負《ま》けてしまった。それ以来《いらい》、その友《とも》だちには一目《いちもく》おくようになった。

使《つか》い方《かた》まんが 2 実《じつ》は有《ゆう》名《めい》？

昆虫《こんちゅう》が大《だい》すきで、昆虫《こんちゅう》についてはいろいろなことを知《し》っている友《とも》だちは、昆虫《こんちゅう》ずきな人《ひと》たちの間《あいだ》で**一目《いちもく》おかれる**そんざいだ。

囲碁《いご》というゲームから生《う》まれたことば。囲碁《いご》は、ふたりで行《おこな》うゲーム。ばんの上《うえ》にかかれた、たてよこの線《せん》の重《かさ》なるところ(目《め》)に交《こう》ごに「碁石《ごいし》」をおいていき、かこったはんいの広《ひろ》さをきそいます。囲碁《いご》では、力《ちから》に差《さ》のある場合《ばあい》、弱《よわ》いほうがあらかじめ何目《なんもく》か碁石《ごいし》をおいてから勝負《しょうぶ》を始《はじ》めます。このことから、相手《あいて》が自分《じぶん》よりすぐれていることをみとめ、敬《けい》意《い》をはらうことを「一目《いちもく》おく」というようになりました。

相手《あいて》への敬意《けいい》をさらに強調《きょうちょう》したいときには、「一目《いちもく》も二目《にもく》もおく」ということもあります。

相手《あいて》のことを評価《ひょうか》しているときに使《つか》いますが、目上《めうえ》の人《ひと》に使《つか》うのは失礼《しつれい》なので気《き》をつけましょう。

似《に》た意味《いみ》のことば

高《たか》く買《か》う
相手《あいて》の行《おこな》いや能力《のうりょく》などを高《たか》く評価《ひょうか》すること。

だつぼうする
そんけいすること。相手《あいて》に敬意《けいい》を表《あらわ》すためにぼうしをぬぐことから。

目《もく》する
みとめる、評価《ひょうか》すること。また、注目《ちゅうもく》すること。

？クイズ！

「一目《いちもく》おく」と同《おな》じく、囲碁《いご》から生《う》まれたことばはどちら？

A《エイ》 **ひっし**

B《ビー》 **だめ**

答《こた》えは122ページ

そっくり！

そんなときに言《い》いたい！

うりふたつ

意《い》味《み》

顔《かお》やすがたがとてもよく似《に》ていること。

「うり」は、すいかやかぼちゃなどのウリ科《か》の植物《しょくぶつ》の実《み》。そのうりをたてふたつにわると、切《き》り口《くち》が同《おな》じに見《み》えることからできたことばです。見《み》た目《め》だけでなく、性格《せいかく》や行動《こうどう》がそっくりという場《ば》合《あい》にも使《つか》います。

似《に》た意味《いみ》のことば

生《い》き写《うつ》し
別《べつ》の人《ひと》が同《おな》じ人《ひと》に見《み》えるほどよく似《に》ていること。

他《た》人《にん》の空《そら》似《に》
他《た》人《にん》どうしが、ぐうぜんよく似《に》ていること。

使《つか》い方《かた》まんが　外《そと》でばったり！

ムシャムシャ
ソウタと母《かあ》ちゃんて…
うりふたつ!!
イッキとお兄《にい》さんて…
ソックリね～
同《おな》じ顔《かお》だ
ホカホカ

友《とも》だちがお兄《にい》さんといっしょに歩《ある》いているところを、まちで見《み》かけた。ふたりは、顔《かお》はもちろん、しぐさやふんい気《き》もうりふたつだった。

ずーっといっしょにがんばってきた！

そんなときに言いたい！

同《おな》じかまのめしを食《く》う

意《い》　味《み》

ともに寝《ね》たり食《た》べたりして、苦楽《くらく》を分《わ》かち合《あ》ったなかまのたとえ。

「かま」とは、昔《むかし》、ごはんをたくときに使《つか》っていた道具《どうぐ》。同《おな》じかまでたいたごはんを分《わ》け合《あ》って食事《しょくじ》をするほど、苦《くる》しいときも、楽《たの》しいときも、ともにすごしてきたことを意味《いみ》しています。きずなの深《ふか》い関係《かんけい》を表《あらわ》すときに使《つか》います。

似《に》た意味《いみ》のことば

一蓮托生《いちれんたくしょう》

よいときも悪《わる》いときも、なかまとして運命《うんめい》をともにすること。

苦楽《くらく》をともにする

苦《くる》しいことも楽《たの》しいこともいっしょに経験《けいけん》すること。

使《つか》い方《かた》まんが　美《うつく》しいきずな

スターズ★初《はつ》アルバム記念《きねん》イベント
同《おな》じかまのめしを食《く》ったなかまとだからこそ、ここまで来《こ》られました
カシャ
カシャ
カシャ
カシャ
キャー
すてき！わたしもなかまに入《はい》りたい
マコちゃんったら…

大《だい》すきなアイドルグループのメンバーは、共同生活《きょうどうせいかつ》をして、レッスンにはげんでいる。同《おな》じかまのめしを食《た》べたなかまとのきずなは深《ふか》い。

そんなときに言《い》いたい!

気《き》がおけない

使《つか》い方《かた》まんが　マコとヒマリ

気《き》がおけない友《とも》だちとはいっしょにいて楽《らく》だわ〜
クス
クス
いいよ〜
まったり…
遊《あそ》びに来《き》てくれたのに、ジュースも出《だ》さなくてごめんね〜

近所《きんじょ》に住《す》んでいる友《とも》だちとは、小《ちい》さいころから何《なに》をするにもずっといっしょで、気《き》がおけないなかだ。

意《い》味《み》

気《き》をつかわずに、心《こころ》から打《う》ちとけてつき合《あ》うことができること。

「おけない」ということばから、「気《き》をゆるすことができない」という意味《いみ》だと思《おも》われがちなことばですが、それはまちがい。「気《き》がおける」は「気《き》をつかう」ということ。「気《き》をつかう」ことが「ない」、つまり「気《き》をつかわない」ということを表《あらわ》すことばです。

気《き》が出《で》てくることば

気《き》が気《き》でない
心配《しんぱい》で気《き》になり、落《お》ち着《つ》かない状態《じょうたい》。

気《き》が立《た》つ
感情《かんじょう》が高《たか》ぶること。または、いらだつこと。

口《くち》をそろえる

使《つか》い方《かた》まんが　うわさのパン

あのパン大《だい》すきぃ♥
おいしいパン見《み》つけたんだ！
きのう食《た》べたパンが〜
こ、これが、みんなが口《くち》をそろえてすすめてくる
ゴクリ…
まぼろしのメロンパンか…
メロンパ〜ン

新《あたら》しくできたパン屋《や》さんのいちおし商品《しょうひん》はメロンパンらしい。友《とも》だちに食《た》べた感想《かんそう》を聞《き》いたら、みんな口《くち》をそろえてすすめてくるので、期待《きたい》できる。

意《い》味《み》

多《おお》くの人《ひと》が、同時《どうじ》に同《おな》じことを言《い》うこと。

あることがらに対《たい》し、べつべつの人《ひと》から同《おな》じ意《い》見《けん》が出《で》たときに使《つか》います。

みんなで計画的《けいかくてき》に意見《いけん》をそろえるときは「口《くち》を合《あ》わせる」といいます。それに対《たい》し、「口《くち》をそろえる」はぐうぜんでも計画的《けいかくてき》でも、けっかとして同《おな》じ意見《いけん》が出《で》たときに使《つか》います。

口《くち》が出《で》てくることば

口《くち》を切《き》る
多《おお》くの人《ひと》の中《なか》ではじめに発《はつ》言《げん》する。

口《くち》を出《だ》す
関係《かんけい》のない話《はなし》にわって入《はい》り、自《じ》分《ぶん》の意《い》見《けん》を言《い》うこと。

ねえ、まだ〜？

そんなときに言《い》いたい！

首《くび》を長《なが》くする

意《い》味《み》

あることを楽《たの》しみに、今《いま》か今《いま》かと待《ま》つようす。

使《つか》い方《かた》まんが 1 テスト返《がえ》し

今日《きょう》は待《ま》ちに待《ま》ったテスト返《がえ》し。
ふふふ…
今回《こんかい》はすごくがんばったから自信《じしん》がある！
テストを返《かえ》します
ハーイ！
ぐい〜ん
首《くび》を長《なが》くして待《ま》っていました！
先生《せんせい》もきみのせっかちがなおるのを首《くび》を長《なが》くして待《ま》っているぞ…
あれ!?
解答《かいとう》らんがずれてた！

勉強《べんきょう》が苦手《にがて》なぼくが、すごくがんばったテスト。きっといい点数《てんすう》にちがいないと、首《くび》を長《なが》くしてけっかを待《ま》っていたのに、うっかりミスで点数《てんすう》は低《ひく》かった。

使《つか》い方《かた》まんが 2 まだかな…

チョウの幼虫《ようちゅう》がサナギになってから10日《か》。羽化《うか》のしゅんかんを首《くび》を長《なが》くして待《ま》っているのに、まったく動《うご》く気配《けはい》がない。

人《ひと》を待《ま》っているとき、背《せ》のびをしたり、首《くび》をのばしたりして、その人《ひと》がやってくる方向《ほうこう》を見《み》ることがあると思《おも》います。そのようすから、何《なに》かを心待《こころま》ちにすることを「首《くび》を長《なが》くする」というようになりました。

このことばは、いやなこと、不安《ふあん》なことを待《ま》つときには使《つか》いません。楽《たの》しみにしているときや、よいことを待《ま》っているときに使《つか》います。

似《に》た意味《いみ》のことば

一日千秋《いちにちせんしゅう》
一日《いちにち》が千年《せんねん》にも思《おも》えるほど待《ま》ち遠《どお》しいことのたとえ。

心待《こころま》ち
心《こころ》の中《なか》で期待《きたい》をしながら待《ま》つ。

首《くび》が出《で》てくることば

首《くび》をつっこむ
興味《きょうみ》を持《も》ち、かかわろうとする。

首《くび》をひねる
わからないことや、なっとくできないことがあり、考《かん》えこむこと。

こんなふうにも使《つか》えるね！

【遠《とお》くに住《す》む友《とも》だちへの手紙《てがみ》に】
会《あ》って話《はな》したいことがたくさんあるよ。また、いっしょに遊《あそ》べる日《ひ》を、**首《くび》を長《なが》くして**待《ま》っているよ。

クイズ！

首《くび》が出《で》てくる慣用句《かんようく》。さんせいしないという意味《いみ》だよ。□に入《はい》ることばは？

首《くび》を□□にふる（ひらがなで）

答《こた》えは122ページ

そんなときに言《い》いたい！

世《せ》話《わ》をやく

意《い》味《み》

①自《じ》分《ぶん》から進《すす》んで他人《たにん》のめんどうを見《み》ること。

②他人《たにん》のためによけいな手助《てだす》けをすること。

「やく」は、「物《もの》をもやす、火《ひ》でやく」という意味《いみ》のほかに、「気《き》を配《くば》る」という意味《いみ》で使《つか》うこともあります。「世話《せわ》をやく」というのも、そのひとつ。他人《たにん》の面《めん》どうを見《み》るために気《き》を配《くば》っているようすを表《あらわ》すときに使《つか》いましょう。

世話《せわ》をやきたがる人《ひと》を「世話《せわ》やき」といったり、面《めん》どうを見《み》なくてはいけない人《ひと》やことがらに対《たい》して「世話《せわ》がやける」といったりすることもあります。

使《つか》い方《かた》まんが 1 いきいきしている？

しっかり者《もの》の友《とも》だちは、のんびりしていてマイペースな別《べつ》の友《とも》だちのことが気《き》になってしまうようで、いつも世話《せわ》をやいている。

使《つか》い方《かた》まんが 2 ほどほどに…

ほら、教室《きょうしつ》に早《はや》くもどらないと…
マコちゃん、めんどうを見《み》すぎると本人《ほんにん》のためにならないよ
カッ!
世《せ》話《わ》をやくのもほどほどにね
モリモリ
…ソウタもね
カイコ、いやがっているよ…?
カイコちゃんハウス
あ…

あまりに細《こま》かく世《せ》話《わ》をやくのはよくないと友《とも》だちに注意《ちゅうい》された。でも、その友《とも》だちも、すきなものに対《たい》してはよけいな世《せ》話《わ》をやいてしまうようだ。

似《に》た意味《いみ》のことば

目《め》をかける

かわいがって、よくめんどうを見《み》ること。また、ひいきにすること。

世《せ》話《わ》が出《で》てくることば

世《せ》話《わ》がない

手《て》間《ま》がかからない。あきれてどうしようもない。

世《せ》話《わ》になる

人《ひと》に助《たす》けてもらう。めんどうをかける。

「世《せ》話《わ》をかく」も「世《せ》話《わ》をやく」と同《おな》じように使《つか》えるよ

?クイズ!

よけいなおせっかいという意味《いみ》のことば。「□□□お世《せ》話《わ》」の□に入《はい》るのはどちら?

A《エイ》 大《おお》きな

B《ビー》 小《ちい》さな

答《こた》えは122ページ

かけ橋《はし》になってあげる！

そんなときに言《い》いたい！

なかを取《と》り持《も》つ

意《い》味《み》

人《ひと》と人《ひと》の間《あいだ》に入《はい》って、いい関係《かんけい》になるよう手助《てだす》けをすること。

使《つか》い方《かた》まんが 1 マコとヒマリのなれそめ

友《とも》だちになかなか話《はな》しかけられない子《こ》がいたので、ぼくが間《あいだ》に入《はい》って話《はな》し、ふたりのなかを取《と》り持《も》ってあげた。

使《つか》い方《かた》まんが 2 けんか中《ちゅう》

お母《かあ》さんとお姉《ねえ》ちゃんはよくけんかをして、口《くち》をきかなくなる。そんなとき、なかを取《と》り持《も》つのはわたしの役目《やくめ》だ。

人《ひと》と人《ひと》、または人《ひと》とグループなど、両《りょう》者《しゃ》を引《ひ》き合《あ》わせたり、関係《かんけい》がよくなるよう世話《せわ》をしたりすることをいいます。

なかよくなりたい人《ひと》がいるときや、家《か》族《ぞく》や友《とも》だちとけんかしてしまったときなど、だれかが間《あいだ》に入《はい》って手助《てだす》けしてくれるとうまくいくことも多《おお》いものです。もしなかよくなりたい子《こ》がいたら、お友《とも》だちに「なかを取《と》り持《も》って」とおねがいするのもいいですね。

似《に》た意味《いみ》のことば

なか立《だ》ち

ふたりの間《あいだ》に立《た》って、関係《かんけい》を取《と》り持《も》つこと。

橋《はし》わたし

ふたりの間《あいだ》に入《はい》って、関係《かんけい》を取《と》り持《も》ったり、世話《せわ》をやいたりすること。

反対《はんたい》の意味《いみ》のことば

なかをさく

なかのいい者《もの》どうしを、無理《むり》やり引《ひ》きはなすこと。

?クイズ！

「おさななじみ」を表《あらわ》す故事成語《こじせいご》。□に入《はい》る漢字一文字《かんじいちもじ》の動物《どうぶつ》は？

竹《ちく》□の友《とも》

答《こた》えは122ページ

おしゃべりが楽《たの》しくて止《と》まらない！

そんなときに言《い》いたい！

話《はなし》に花《はな》がさく

意味《いみ》

次々《つぎつぎ》に話題《わだい》が出《で》てきて、会話《かいわ》がもり上《あ》がること。

会話《かいわ》がとぎれず、大《おお》もり上《あ》がりで話《はな》しているようすを、次《つぎ》から次《つぎ》へとさく花《はな》にたとえたことばです。興味《きょうみ》のある話題《わだい》がどんどん出《で》てくるようすを表《あらわ》すので、一方的《いっぽうてき》に話《はな》すのではなく、おたがいに会話《かいわ》を楽《たの》しんでいるときに使《つか》いましょう。「思《おも》い出話《でばなし》に花《はな》がさく」のように使《つか》うこともあります。

使《つか》い方《かた》まんが　しゅみ友《とも》だち？

ヒマリのお母《かあ》さん、カレーのレシピ、ありがとうございます。おいしかったです！
あら、イッキくん!!
でしょ！他《ほか》にもね…
意外《いがい》なところで話《はなし》に花《はな》がさいているぞ

ぼくは、料理《りょうり》を作《つく》るのも食《た》べるのも大《だい》すきだ。だから料理上手《りょうりじょうず》な友《とも》だちのお母《かあ》さんに会《あ》うと、つい話《はなし》に花《はな》がさいてしまう。

話《はなし》が出《で》てくることば

話《はなし》のこしをおる

横《よこ》から口《くち》をはさみ、会話《かいわ》の流《なが》れをとちゅうでさえぎる。

はらをわる

意《い》味《み》

本当《ほんとう》の気持《きも》ちを打《う》ち明《あ》ける。

使《つか》い方《かた》まんが　クラスのペット

えっ!?
ゴキブリを教室《きょうしつ》でかいたい？
それはちょっと…
命《いのち》はみな大切《たいせつ》にと教《おし》えてくれましたよね
ゴキブリはべつなんですか？
はらをわって話《はな》しましょう！
ソウタくん…

虫《むし》をクラスでかいたいとていあんした。でも先生《せんせい》は「それはちょっと…」と言《い》うばかりで、だめな理由《りゆう》を教《おし》えてくれない。はらをわって話《はな》してほしい。

昔《むかし》は、考《かんが》えたり感《かん》じたりする場所《ばしょ》は、頭《あたま》ではなくおなかだと思《おも》われていました。おたがいの考《かんが》えを全部《ぜんぶ》見《み》せるために、はらをわって中《なか》を全部《ぜんぶ》見《み》せあおうといっているのですね。友《とも》だちや家族《かぞく》と本音《ほんね》で話《はな》したいときに使《つか》ってみましょう。

「～をわる」が出《で》てくることば

そこをわる
はらのそこまで見《み》せるということから、本心《ほんしん》を打《う》ち明《あ》けるということ。

竹《たけ》をわったよう
性格《せいかく》がさっぱりしていて、悪《わる》い考《かんが》えがないこと。

そんなときに言《い》いたい！

水《みず》に流《なが》す

使《つか》い方《かた》まんが 1 写《しゃ》真《しん》

友《とも》だちに勝手《かって》に写真《しゃしん》をとられて、けんかをしてしまった。でも思《おも》いのほかいい写真《しゃしん》でいかりもおさまったので、水《みず》に流《なが》そうとていあんした。

意《い》味《み》

起《お》きたもめごとを、全《すべ》てなかったことにすること。

使《つか》い方《かた》まんが 2 姉弟《きょうだい》げんか

朝《あさ》、弟《おとうと》と口《くち》げんかをしたけど…
朝《あさ》のことは水《みず》に流《なが》しましょう
なか直《なお》りのきっかけを作《つく》ってあげるわ
え？何《なん》のこと？
食《た》べる？
ムシャムシャ
とっくに水《みず》に流《なが》していたようです
あれ…

弟《おとうと》とはしょっちゅう口《くち》げんかをする。でも、おたがいにすぐ水《みず》に流《なが》すので、朝《あさ》けんかをしても夕方《ゆうがた》にはわすれている。

水《みず》でよごれをあらい流《なが》すように、昔《むかし》のいざこざをきれいさっぱりわすれてやり直《なお》そうというときに使《つか》います。「ゆるす」とよく似《に》ていますが、「ゆるす」は一方的《いっぽうてき》に悪《わる》いことをされたときに使《つか》います。「水《みず》に流《なが》す」は、おたがいによくないところがあり、そのために悪《わる》くなってしまった関係《かんけい》を元《もと》にもどそうというときに使《つか》う慣用句《かんようく》です。「水《みず》にする」も同《おな》じ意味《いみ》で使《つか》うこともあります。

水《みず》が出《で》てくることば

水《みず》入《い》らず
親《した》しい人《ひと》で集《あつ》まり、他人《たにん》がいないこと。

水《みず》と油《あぶら》
正反対《せいはんたい》の性質《せいしつ》でしっくり合《あ》わないこと。

水《みず》になれる
その土地《とち》の水《みず》を飲《の》みなれるということから、かんきょうになれること。

水《みず》をさす
うまくいっていることのじゃまをすること。

「水《みず》で流《なが》す」というのはまちがいだよ

？クイズ！

水《みず》が出《で》てくる慣用句《かんようく》。努力《どりょく》がむだになるという意味《いみ》だよ、□に入《はい》ることばは？

水《みず》の□□（ひらがなで）

答《こた》えは123ページ

わかるかな？

虫《むし》食《く》いクイズにちょうせん！

ヒントを参考《さんこう》にして、何《なん》の慣用句《かんようく》か答《こた》えてね。

答《こた》えは124ページ

❶ うでに
をかける

ヒント
二本《にほん》のひもをねじり合《あ》わせることをなんという？

❷ 花《ばな》をちらす

ヒント
マッチをすると何《なに》がつく？

❸ 打《う》てば

ヒント
お風呂《ふろ》の中《なか》は音《おと》が□□□よね

❹ 心《こころ》が

ヒント
とんだりはねたりすることだよ

虫《むし》が食《た》べてあながあいちゃったよ

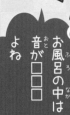

5

に入《い》れてもいたくない

ヒント
顔《かお》のパーツが入《はい》るよ

ヒント
みんな同《おな》じことを言《い》うという意味《いみ》の慣用句《かんようく》になるよ

6

口《くち》を

る

ヒント
友《とも》だちのことを「□□ま」ともいうね

7

を取《と》り持《も》つ

8

頭《あたま》を

ヒント
頭《あたま》を手《て》でおおうようなしぐさのこと

9

後《うし》ろ

を引《ひ》かれる

ヒント
頭《あたま》にはえているものは?

わかるかな？

虫《むし》食《く》いクイズ 上《じょう》級《きゅう》編《へん》

少《すこ》しむずかしいよ。何《なん》の慣《かん》用《よう》句《く》かわかるかな？

答《こた》えは124ページ

10 道《みち》□を□う

ヒント 「よりみちをする」とも言《い》うよね

11 □の手《て》も□たい

ヒント いそがしいときは、あのかわいい動《どう》物《ぶつ》にもたよりたい!?

12 □の声《こえ》

ヒント 昔話《むかしばなし》で恩返《おんがえ》しをした鳥《とり》の名前《なまえ》が入《はい》るよ

13 □に□れる

ヒント 人《ひと》をだましそうな動物《どうぶつ》といえば？

できるかな…
かんたん かんたん

トホホ……

残念《ざんねん》な慣用句《かんようく》

4

なさけなくなるような
残念《ざんねん》な出来事《できごと》だって、
慣用句《かんようく》で表《あらわ》せば、少《すこ》しは
かっこうがつく……かも!?

急《きゅう》にしょんぼり……

そんなときに言《い》いたい！

青菜《あおな》に塩《しお》

意味《いみ》

元気《げんき》だった人《ひと》が、何《なに》かをきっかけにすっかりしょげてしまうようす。

使《つか》い方《かた》まんが 1 おこられちゃった…

自習時間《じしゅうじかん》に大声《おおごえ》でさわいでいた友《とも》だちは、通《とお》りがかった先生《せんせい》にこっぴどくしかられ、今《いま》は青菜《あおな》に塩《しお》の状態《じょうたい》だ。

使《つか》い方《かた》まんが 2 がっかり…

スターズ★が来月《らいげつ》のライブの中止《ちゅうし》を発表《はっぴょう》しました
スターズ★
NEWS ライブ中止!!
あらら…
青菜《あおな》に塩《しお》だね
楽《たの》しみにしていたのに…
シュー

すきなアイドルのライブをずっと楽《たの》しみにしていたのに、とつぜん中止《ちゅうし》が発表《はっぴょう》された。落《お》ちこむわたしを見《み》て母《はは》は「青菜《あおな》に塩《しお》だね」と言《い》った。

「青菜《あおな》」とは、ほうれん草《そう》などの緑《みどり》の葉野菜《はやさい》のこと。葉《は》がピンとした新鮮《しんせん》な青菜《あおな》も、塩《しお》をかけると水分《すいぶん》がぬけてしおれてしまいます。このことから、今《いま》まで元気《げんき》だった人《ひと》が急《きゅう》にしょげてしまうことを「青菜《あおな》に塩《しお》」とたとえていいます。

もともと元気《げんき》がない人《ひと》や、体調《たいちょう》が悪《わる》い場合《ばあい》には使《つか》いません。楽《たの》しみだった予定《よてい》が中止《ちゅうし》になったり、おこられたり、何《なに》かのきっかけで落《お》ちこんだときに使《つか》います。

反対《はんたい》の意味《いみ》のことば

かえるの面《つら》に水《みず》

どんな目《め》にあっても動《どう》じないこと。注意《ちゅうい》されてもしかられても平気《へいき》なこと。

水《みず》を得《え》た魚《うお》

とくい分野《ぶんや》で、活躍《かつやく》するようす。

色《いろ》が入《はい》ったことば

赤《あか》の他人《たにん》

えんもゆかりもない、何《なん》の関係《かんけい》もない人《ひと》のこと。

黄色《きいろ》い声《こえ》

女《おんな》の人《ひと》や子《こ》どものかん高《だか》い声《こえ》。

朱《しゅ》に交《まじ》われば赤《あか》くなる

つき合《あ》う相手《あいて》によって、いい人《ひと》にも悪《わる》い人《ひと》にもなる。人《ひと》はまわりにえいきょうされやすいということ。

?クイズ！

「青菜《あおな》に塩《しお》」と似《に》た意味《いみ》をもつ慣用句《かんようく》。正《ただ》しいのはどちら？

A《エイ》 なめくじに塩《しお》

B《ビー》 きず口《ぐち》に塩《しお》

答《こた》えは123ページ

少《すこ》し言《い》いまちがえただけなのになあ

そんなときに言《い》いたい！

あげ足《あし》を取《と》る

意《い》味《み》

相手《あいて》の言《い》いまちがいやことばの一部《いちぶ》を取《と》り上《あ》げ、せめたりからかったりすること。

使《つか》い方《かた》まんが 1 ソウタの写真《しゃしん》

友《とも》だちの写真《しゃしん》がよくとれていたのでほめたら、これまでの写真《しゃしん》はよくなかったのかとあげ足《あし》を取《と》られてしまった。どの写真《しゃしん》もいいんだけど……。

使《つか》い方《かた》まんが 2 インタビュー

グループのなかが悪《わる》いのは本当《ほんとう》ですか？
ぼくはそんなことないと思《おも》います
STAR
「ぼくは」ということは、他《ほか》のメンバーは…
ハラハラ
ドキドキ
そんな言《い》い方《かた》したらマスコミにあげ足《あし》を取《と》られちゃうよ

げいのう人《じん》は、すぐあげ足《あし》を取《と》られ、本当《ほんとう》のこととはちがううわさが流《なが》れてしまいがち。発言《はつげん》には気《き》をつけないといけず、たいへんそうだ。

「あげ足《あし》を取《と》る」は、もともとはすもうや柔道《じゅうどう》のことばです。すもうや柔道《じゅうどう》では、相手《あいて》がわざをかけようとして足《あし》をあげたとき、ぎゃくにその足《あし》を取《と》って相手《あいて》をたおすことを「あげ足《あし》を取《と》る」といいます。このことから、相手《あいて》のすきやミスにつけこんでこうげきするという意味《いみ》の慣用句《かんようく》として使《つか》われるようになりました。人《ひと》の言《い》いまちがいや小《ちい》さなミスをせめる意地《いじ》の悪《わる》さをさとすように使《つか》います。

似《に》た意味《いみ》のことば

けちをつける

欠点《けってん》などを見《み》つけて、もんくを言《い》うこと。

重箱《じゅうばこ》のすみをつつく

大《たい》して重要《じゅうよう》ではない細《こま》かいことについて、あれこれうるさく言《い》うこと。

ことば尻《じり》をとらえる

ささいな言《い》いまちがいを見《み》のがさず、ひなんする。

「あげ足《あし》をすくう」という言《い》い方《かた》はまちがいなんだって。注意《ちゅうい》しないとな！

？クイズ！

すもうからできた慣用句《かんようく》。勝負《しょうぶ》に負《ま》けるという意味《いみ》だよ。正《ただ》しいのはどちら？

A《エイ》 足《あし》がつく

B《ビー》 土《つち》がつく

答《こた》えは123ページ

足《あし》がつかれて動《うご》かない……

そんなときに言《い》いたい！

足《あし》がぼうになる

意味《いみ》

立《た》ちっぱなし、歩《ある》きすぎなどで、足《あし》の筋肉《きんにく》がこわばること。

使《つか》い方《かた》まんが 1 落《お》としもの

山登《やまのぼ》りで友《とも》だちを見失《みうしな》ってしまった。山道《やまみち》をさがし回《まわ》っていたら、足《あし》がぼうになった。

使《つか》い方《かた》まんが 2 ついに…！

めずらしい昆虫《こんちゅう》がいるといわれている林《はやし》の中《なか》を、足《あし》がぼうになるほど歩《ある》き回《まわ》り、ついにずっとさがしていた昆虫《こんちゅう》をつかまえた。

長時間《ちょうじかん》立《た》ちつづけたり、歩《ある》きつづけたりして、いつも以上《いじょう》に足《あし》を使《つか》うと、足《あし》の筋肉《きんにく》がかたくなり、動《うご》かすのもつらくなることがありますよね。そのときの足《あし》の状態《じょうたい》を、ぼうのようだとたとえた慣用句《かんようく》です。「足《あし》がぼうになった」と言《い》ったほうが、ただ「足《あし》がつかれた」と言《い》うよりも、足《あし》の状態《じょうたい》がひどいことが伝《つた》わりやすいと思《おも》いませんか。

「足《あし》をぼうにする」「足《あし》がぼうだ」などのように使《つか》うこともあります。

足《あし》が出《で》てくることば

足《あし》が早《はや》い
食《た》べものがくさりやすいこと。

足《あし》が出《で》る
予定《よてい》していたより、お金《かね》を多《おお》く使《つか》ってしまうこと。

足《あし》をあらう
悪《わる》いことや、悪《わる》いことをするなかまからはなれ、まじめに生活《せいかつ》をすること。

足《あし》をのばす
目的地《もくてきち》よりもさらに遠《とお》くへ行《い》くこと。

足《あし》を引《ひ》っぱる
人《ひと》の成功《せいこう》や、やろうとしていることをじゃまする。

？クイズ！

足《あし》が出《で》てくる慣用句《かんようく》。自分《じぶん》の力《ちから》ではどうすることもできないという意味《いみ》だよ。□に入《はい》る体《からだ》の部位《ぶい》はどこ？

□も足《あし》も出《で》ない（漢字《かんじ》で）

答《こた》えは123ページ

どうしたらいいんだ……

そんなときに言《い》いたい！

頭《あたま》をかかえる

意《い》味《み》

心配《しんぱい》ごとや、なやみごとがあり、こまっているようす。

むずかしいなやみがあるときには、うでをむねの前《まえ》で組《く》んだり、上《うえ》のほうを見《み》るように頭《あたま》をかたむけたりと、いくつかの定番《ていばん》のしぐさがありますが、「頭《あたま》をかかえる」もその中《なか》のひとつ。手《て》で頭《あたま》をおおうようにして、なやみ苦《くる》しむすがたからできたことばです。

頭《あたま》が出《で》てくることば

頭《あたま》が上《あ》がらない
相手《あいて》に対《たい》し弱《よわ》みがあり、対《たい》等《とう》にふるまえないこと。

頭《あたま》をひねる
いい知《ち》恵《え》を出《だ》そうと、工夫《くふう》をめぐらし、考《かんが》えること。

使《つか》い方《かた》まんが　なやみのたね

ぼくは頭《あたま》をかかえている。
カイコの世話《せわ》を手伝《てつだ》うぜ！
まかせとけってぇ～!!
…と言《い》ってくれたイッキに、どうことわるか…
なんか不安《ふあん》…
まかせられない…

友《とも》だちは、親切心《しんせつしん》でぼくの仕事《しごと》を手伝《てつだ》うと言《い》ってくれたが、ミスが多《おお》いので心配《しんぱい》だ。ぼくは、どうことわろうかと頭《あたま》をかかえている。

もう行かなきゃ! でも……

そんなときに言いたい!

後《うし》ろがみを引《ひ》かれる

使《つか》い方《かた》まんが　出《で》かけなくちゃ…

後《うし》ろがみを引《ひ》かれるけど…
遊《あそ》ぶやくそくをした時間《じかん》だ。行《い》かなきゃ…!
うぐぐ～
いいのか～
いってきますぅ～
ドドド

食後《しょくご》に大《だい》すきなケーキが出《で》てきた。でもこの後《あと》にやくそくがあるので、ゆっくり食《た》べているひまはない。後《うし》ろがみを引《ひ》かれる思《おも》いで家《いえ》を出《で》た。

意《い》味《み》

心《こころ》のこりがあり、きっぱりと思《おも》い切《き》ることができないようす。

「後《うし》ろがみ」とは、頭《あたま》の後《うし》ろがわのかみの毛《け》のことです。前《まえ》に進《すす》まないといけないけれど、まるで後《うし》ろのかみの毛《け》を引《ひ》っぱられているかのように、まだ気《き》持《も》ちがのこっていて進《すす》むことができない。そんなふうに、とまどっている気《き》持《も》ちのときに使《つか》うことばです。

似《に》た意《い》味《み》のことば

名残《なごり》おしい

わかれるのがつらい。心《こころ》のこりがあること。

そんなときに言《い》いたい！

顔《かお》から火《ひ》が出《で》る

意《い》味《み》

とてもはずかしくて、顔《かお》が真《ま》っ赤《か》になるようす。

はずかしい思《おも》いをしたとき、顔《かお》がカーッとあつく赤《あか》くなるのを感《かん》じたことはありませんか？　そのようすを赤《あか》くもえ上《あ》がる火《ひ》にたとえたことばです。「面《つら》から火《ひ》が出《で》る」という言《い》い方《かた》もあります。

似《に》た意《い》味《み》のことば

あながあったら入《はい》りたい

はずかしくてその場《ば》にいられない。すがたをかくしたいほどはずかしいこと。

顔《かお》にもみじをちらす

はずかしがって顔《かお》を赤《あか》らめること。

使《つか》い方《かた》まんが　大《だい》しっぱい

よーい
スタート！
ズザー
キャーッ
ピュー
思《おも》いきり
転《ころ》んじゃった！
顔《かお》から火《ひ》が出《で》そう…
すげ〜
はや〜い
ヒマリ…

運動会《うんどうかい》の徒競走《ときょうそう》で、スタート直後《ちょくご》に思《おも》いっきり転《ころ》んでしまった。みんなが見《み》ていたので、顔《かお》から火《ひ》が出《で》るほどはずかしかった。

かみなりが落《お》ちる

意味《いみ》

目上《めうえ》の人《ひと》に大声《おおごえ》でどなられ、しかられること。

ぜったいにさからえないような目上《めうえ》の人《ひと》から、とつぜん頭《あたま》ごなしにどなられるのは、とてもこわいもの。そのおそろしさを、人《ひと》の力《ちから》ではコントロールできないかみなりにたとえて、いかりの強《つよ》さを表《あらわ》すことばとして使《つか》うようになりました。目下《めした》の人《ひと》がおこるときには使《つか》いません。

似《に》た意味《いみ》のことば

大目玉《おおめだま》を食《く》う

はげしくおこられること。しかるときに大《おお》きく目《め》を開《ひら》くことから。

使《つか》い方《かた》まんが　やってしまった…

ふだんはやさしいお父《とう》さんだけど、大事《だいじ》にしているビデオカメラをこわしてしまったときには、かみなりが落《お》ちた。

「ひみつだよ」って言《い》ったのに！

そんなときに言《い》いたい！

口《くち》が軽《かる》い

使《つか》い方《かた》まんが　ひみつのネタ帳《ちょう》

イッキって、ギャグをひみつのネタ帳《ちょう》に書《か》きためているんだって〜
しってた？
へぇ〜
なぜオレは、口《くち》が軽《かる》いマコにネタ帳《ちょう》のことを話《はな》してしまったんだ…
しまった〜
ネタ帳

友《とも》だちにひみつの話《はなし》をしたら、その子《こ》はすぐに別《べつ》の子《こ》に話《はな》してしまった。口《くち》が軽《かる》いあの子《こ》に話《はな》したのがしっぱいだった。

意《い》味《み》

おしゃべりで、言《い》ってはいけないことをかんたんにしゃべってしまう。

おしゃべりな人《ひと》は口《くち》がよく動《うご》くことから、「口《くち》が軽《かる》い」と表現《ひょうげん》されます。口数《くちかず》が多《おお》いことを表《あらわ》すときにも使《つか》うことばですが、ふつう、言《い》ってはいけないことまですぐ話《はな》してしまうことを表《あらわ》すときに使《つか》われます。

反対《はんたい》の意味《いみ》のことば

口《くち》が重《おも》い

無口《むくち》。あまりしゃべらずにいること。

口《くち》がかたい

ひみつを人《ひと》に話《はな》さないこと。

さじを投《な》げる

使《つか》い方《かた》まんが　がんばったけど…

チョウに芸《げい》を教《おし》えようと、あれこれやってみたけれど…
無《む》理《り》だぁ～
ソウタがさじを投《な》げるなんて…。そうとうたいへんだったのね

「昆虫《こんちゅう》も芸《げい》ができるようになるかもしれない」と思《おも》い、チョウに根気強《こんきづよ》くあれこれ教《おし》えてみたけれど、とうとうさじを投《な》げてしまった。

意味《いみ》

ものごとがこれ以上《いじょう》はよくならないと思《おも》い、あきらめてしまうこと。

「さじ」とは、薬《くすり》を調合《ちょうごう》するための小《ちい》さなスプーンのこと。昔《むかし》は医者《いしゃ》が薬《くすり》の調合《ちょうごう》もしていましたが、医者《いしゃ》がなおる見《み》こみのない患者《かんじゃ》を見放《みはな》し、「さじ」を投《な》げ出《だ》すことにたとえたことばです。あれこれ努力《どりょく》をしてみたあとに使《つか》うもので、何《なに》もしていないのにあきらめるときには使《つか》いません。

似《に》た意味《いみ》のことば

手《て》を引《ひ》く

今《いま》までやってきたことをやめること。

見切《みき》りをつける

先《さき》を予想《よそう》して、見《み》こみがないとはんだんする。

まだまだだな……

そんなときに言《い》いたい！

そこがあさい

意《い》味《み》

ものごとや内容《ないよう》に深《ふか》みがないこと。
また、能力《のうりょく》が十分《じゅうぶん》ではないこと。

使《つか》い方《かた》まんが 1 チョコレート作《づく》り

ねえ、ねえ、今度《こんど》チョコレートを作《つく》ってみない？
え〜、むずかしそう
チョコレートってとかしてかためるだけだから、かんたんらしいよ〜
かんたんかんたん
へえ〜
何《なに》!?
そんなそこがあさい知識《ちしき》でチョコレートを！
チョコレートというのは、カカオの割合《わりあい》によって味《あじ》と風味《ふうみ》が……
キャッ
キャッ
たのしみ〜
モヤ
モヤ
でも、こんなことを言《い》ったらおせっかいかな…

友《とも》だちが、おかし作《づく》りにちょうせんするらしい。でも話《はなし》を聞《き》いていると、料理《りょうり》の知識《ちしき》はそこがあさいようで、アドバイスしたくなる。

使《つか》い方《かた》まんが 2 上《うえ》には上《うえ》がいる

昆虫《こんちゅう》の大発見《だいはっけん》をしたという方《かた》に、インタビューします
すご〜い
ぼくはまだまだそこがあさいな…

テレビで昆虫《こんちゅう》にくわしい人《ひと》の特集《とくしゅう》をしていた。ぼくも昆虫《こんちゅう》にくわしいほうだと思《おも》っていたけど、まだそこがあさいと実感《じっかん》した。

そこがあさい食器《しょっき》に入《はい》った料理《りょうり》は、量《りょう》が少《すこ》ししかありません。同《おな》じように、知《ち》識《しき》や能力《のうりょく》がすぐにつきてしまうくらい少《すこ》ししかないことをたとえて「そこがあさい」と表《あらわ》します。

「そこがあさい人《ひと》だ」などと、人《ひと》に使《つか》う場合《ばあい》は悪口《わるぐち》になるので注意《ちゅうい》しましょう。人《ひと》に対《たい》してだけではなく、「そこがあさい知識《ちしき》」「そこがあさい情報《じょうほう》」などと使《つか》ったりもします。

似《に》た意味《いみ》のことば

猿知恵《さるぢえ》
気《き》がきいているようで、実《じつ》はあさはかな知恵《ちえ》のこと。

浅識《せんしき》
知識《ちしき》があさいこと。

反対《はんたい》の意味《いみ》のことば

そこが知《し》れない
能力《のうりょく》などの限界《げんかい》がわからないこと。

反対《はんたい》の意味《いみ》で「そこが深《ふか》い」とは言《い》わないよ

?クイズ！

「そこ」が出《で》てくる慣用句《かんようく》。たくわえていたものがほとんどなくなるという意味《いみ》だよ。□に入《はい》ることばは？

そこを□□（ひらがなで）

答《こた》えは123ページ

いやなことはいったんわすれて……

そんなときに言《い》いたい！

棚《たな》に上《あ》げる

意《い》味《み》

自分《じぶん》に都合《つごう》の悪《わる》いことはふれないで、ほうっておく。

使《つか》い方《かた》まんが 1 ボールコントロール

サッカーが苦手《にがて》な友《とも》だちは、ピッチの中《なか》ではミスばかり。でも、ピッチの外《そと》に出《で》ると、自分《じぶん》のミスは棚《たな》に上《あ》げて、他《ほか》の人《ひと》のミスをきびしく指摘《してき》する。

使《つか》い方《かた》まんが 2 大《おお》そうじ

家族《かぞく》で大《おお》そうじ中《ちゅう》
めんどうな仕事《しごと》を棚《たな》に上《あ》げて、すきなことばかりしてちゃだめだぞ〜
ギクッ!
ぐちゃ〜
スターズ

大《おお》そうじ中《ちゅう》、勉強道具《べんきょうどうぐ》の整理《せいり》はそっちのけで、しゅみのグッズばかりきれいにしていたら、めんどうな仕事《しごと》を棚《たな》に上《あ》げるなとお父《とう》さんに注意《ちゅうい》をされた。

棚《たな》の上《うえ》にしまったものは、下《した》からは見《み》えないので人目《ひとめ》につきにくく、しまった本人《ほんにん》でもそのことをわすれてしまいそうです。人《ひと》が、見《み》たくないものをわざと棚《たな》の上《うえ》にしまっておこうとするようすから生《う》まれたことばが、「棚《たな》に上《あ》げる」です。

多《おお》くの場合《ばあい》、自分《じぶん》のやったことに対《たい》して知《し》らん顔《かお》をしている人《ひと》に使《つか》いますが、しなければならないことを先送《さきおく》りにしているときにも使《つか》うことがあります。

「棚《たな》へ上《あ》げる」ということもありますが、「棚《たな》にのせる」「棚《たな》におく」という言《い》い方《かた》はまちがいなので、注意《ちゅうい》しましょう。

「棚上《たなあ》げ」ということばもあり、こちらは先送《さきおく》りにするという意味《いみ》のほうが強《つよ》くなります。

棚《たな》が出《で》てくることば

棚《たな》からぼたもち
何《なに》もせずに思《おも》いがけない幸運《こううん》をつかむこと。→1巻《かん》109ページ

棚《たな》のものを取《と》ってくるよう
ものごとがかんたんにうまくいくようす。

昔《むかし》の「棚《たな》」は、かべの上《うえ》のほうに板《いた》をわたして作《つく》ったんだ

クイズ!

「上《あ》げる」で終《お》わる慣用句《かんようく》。弱音《よわね》をはくという意味《いみ》だよ。□に入《はい》ることばは?

□を上《あ》げる（漢字《かんじ》で）

答《こた》えは123ページ

どうしよう……勇気《ゆうき》が出《で》ない

そんなときに言《い》いたい！

二《に》の足《あし》をふむ

意《い》味《み》

思《おも》い切《き》れずにためらうこと。尻《しり》ごみすること。

使《つか》い方《かた》まんが 1 いざとなると…

自分《じぶん》からせっきょく的《てき》に動《うご》いてみようと決心《けっしん》をしたものの、全校生徒《ぜんこうせいと》の前《まえ》で発表《はっぴょう》というのはあまりに大役《たいやく》で、立候補《りっこうほ》するのに二《に》の足《あし》をふんでいる。

使《つか》い方《かた》まんが 2 ほしいけど…

え⁉
スターズ★のライブDVD《ディーブイディー》
限定《げんてい》ばん発売決定《はつばいけってい》⁉
ほしい〜〜！…けど、
ほしい〜
二《に》の足《あし》をふんでしまうねだんだわ…
7000円《えん》…高《たか》いな〜

とてもほしいものを見《み》つけてしまった。「今《いま》すぐにでも買《か》いたい！」と思《おも》ったけれど、ねだんを見《み》て二《に》の足《あし》をふんだ。

「二《に》の足《あし》」とは、二歩目《にほめ》に出《だ》す足《あし》のこと。一歩目《いっぽめ》はふみこんだものの、不安《ふあん》やおそれなどからまよいが出《で》て、二歩目《にほめ》をふみ出《だ》せずに足《あし》ぶみしているような状態《じょうたい》をいいます。はじめからやりたくなくて、動《うご》かない場合《ばあい》は使《つか》いません。少《すこ》しやってみていたり、やったことはないけれどやりたい気持《きも》ちがあったりするのに、不安《ふあん》なことがあって先《さき》に進《すす》むのをためらってしまうような場合《ばあい》に使《つか》います。

似《に》た意味《いみ》のことば

にえ切《き》らない

決断《けつだん》ができず、態度《たいど》がはっきりしないようす。

ふん切《ぎ》りがつかない

思《おも》い切《き》れない。決心《けっしん》がつかない。

反対《はんたい》の意味《いみ》のことば

即断即決《そくだんそっけつ》

その場《ば》ですぐに決断《けつだん》をすること。

「二《に》の足《あし》をふむ」を「二《に》の舞《まい》をふむ」とまちがえることが多《おお》いみたい。
「二《に》の舞《まい》」は前《まえ》の人《ひと》と同《おな》じしっぱいをくりかえすという意味《いみ》だよ

クイズ！

数字《すうじ》が入《はい》った慣用句《かんようく》。あれこれ文句《もんく》をいうという意味《いみ》だよ。□に入《はい》る漢数字《かんすうじ》は？

□の五《ご》の言《い》う

答《こた》えは123ページ

ぜんぜんかなわない！

そんなときに言《い》いたい！

歯《は》が立《た》たない

使《つか》い方《かた》まんが　うでずもう

なんてことだ…。まるで歯《は》が立《た》たないなんて…
くぅ～～

友《とも》だちとうでずもうの勝負《しょうぶ》をした。思《おも》っていたよりも友《とも》だちの力《ちから》が強《つよ》く、まったく歯《は》が立《た》たないことにおどろいた。

意《い》味《み》

相手《あいて》と自分《じぶん》の能力《のうりょく》の差《さ》がありすぎて、とてもかなわない。

「歯《は》が立《た》たない」には、そもそも「かたくてかめない」という意味《いみ》があります。そこから発展《はってん》して、相手《あいて》が強《つよ》すぎて自分《じぶん》の力《ちから》ではどうすることもできないという状況《じょうきょう》を言《い》うときのことばとして使《つか》うようになりました。

歯《は》が出《で》てくることば

歯《は》がうく
おせじや気取《きど》ったことばなどを聞《き》いて、いやな気分《きぶん》になること。

歯《は》を食《く》いしばる
いたみやくやしさ、いかりなどを、必死《ひっし》でがまんすること。

さらにまずいことになったぞ!?

そんなときに言いたい！

火《ひ》に油《あぶら》を注《そそ》ぐ

使《つか》い方《かた》まんが　ないしょにしていたのに…

ごめんなさい
部屋《へや》でボールあそびはだめ！
ったく！
また皿《さら》をわったな。しょうがないな～
アハハ～
また!?前《まえ》にもやったのね！
なぬっ!?
兄《にい》ちゃん！火《ひ》に油《あぶら》を注《そそ》ぐなよー
もう～
あ…ごめん

お母《かあ》さんにしかられているときにお兄《にい》ちゃんが言《い》ったよけいな一言《ひとこと》は、火《ひ》に油《あぶら》を注《そそ》ぐことになった。

意《い》味《み》

いきおいのはげしいものに、さらにいきおいをくわえること。さらに悪《わる》くすること。

もえている火《ひ》に油《あぶら》を注《そそ》ぐと、よりもえあがることからきています。おこっている人《ひと》をさらにおこらせるなど、事態《じたい》をより大《おお》きくしてしまい、のぞまないけっかをまねいたときに使《つか》います。もり上《あ》がるという意味《いみ》で使《つか》うのはまちがいです。

火の字《じ》が出《で》てくることば

口火《くちび》を切《き》る
はじめにものごとを始《はじ》めて、きっかけをつくること。話《はな》しはじめること。

火《ひ》の消《き》えたよう
急《きゅう》に活気《かっき》やいきおいがなくなり、さみしいようすになること。

そんなの、やばいことのたった一部《いちぶ》だけど……

そんなときに言《い》いたい!

氷山《ひょうざん》の一角《いっかく》

意《い》味《み》

ものごとの一部《いちぶ》だけが表《おもて》にあらわれていて、大部分《だいぶぶん》はかくれていること。

南極《なんきょく》や北極《ほっきょく》の海《うみ》にうかぶ、大《おお》きな氷《こおり》のかたまりを「氷山《ひょうざん》」といいます。氷山《ひょうざん》は、海《うみ》の上《うえ》に見《み》えているのはほんの一部《いちぶ》で、大部分《だいぶぶん》が海中《かいちゅう》にしずんでいます。そのことから、ものごとの一部《いちぶ》しか見《み》えていないことをたとえていいます。「まだ悪事《あくじ》がかくされている」という悪《わる》い意味《いみ》で使《つか》われます。

反対《はんたい》の意味《いみ》のことば

一切合切《いっさいがっさい》

何《なに》もかも全部《ぜんぶ》。のこらず全《すべ》て。

使《つか》い方《かた》まんが　つまみ食《ぐ》い

パンがない! また つまみ食《ぐ》いしたのね!
もぅ～
ばれたか! でもそんなの氷山《ひょうざん》の一角《いっかく》だぜ…
アレも食《た》べたし～ ソレも食《た》べちゃった～ テヘ♥
ビクッ!
ゲプ

買《か》いおきのパンをつまみ食《ぐ》いしたことに気《き》づかれた。でも、お母《かあ》さんが気《き》づいているつまみ食《ぐ》いのひがいは、氷山《ひょうざん》の一角《いっかく》だ。

どうして……!? なんて……!?

そんなときに言いたい!

ふに落《お》ちない

使《つか》い方《かた》まんが がんばったのに…

ぼくの力作《りきさく》、
カブトムシの像《ぞう》が
入選《にゅうせん》しない
なんて…
ふに落《お》ちない
カブトムシ
○○ソウタ

図工《ずこう》で作《つく》った作品《さくひん》は、今《いま》まででいちばんよくできた。みんなもほめてくれたのに、何《なん》の賞《しょう》もとれなかったのは、ふに落《お》ちない。

意《い》味《み》

なっとくがいかない。理解《りかい》できないこと。

「ふ(腑《ふ》)」とは、中国《ちゅうごく》の医学《いがく》で内臓《ないぞう》を指《さ》すことば。そこから「心《こころ》」を表《あらわ》すようになり、ものごとが心《こころ》にストンと落《お》ちないことをいいます。たんに「理《り》解《かい》できない」という意味《いみ》で使《つか》うこともありますが、「言《い》っていることはわかるけど、何《なに》か引《ひ》っかかる」と、違和感《いわかん》を感《かん》じているときにも使《つか》います。

ふ(腑《ふ》)が出《で》てくることば

ふぬけ(ふがぬける)

気力《きりょく》がなくなる。いきおいがなくなりぼんやりするようす。

こりゃ、たいへんだ……

そんなときに言《い》いたい！

ほねがおれる

意《い》味《み》

とてもむずかしくて苦《く》労《ろう》をすること。

使《つか》い方《かた》まんが 1 スマホデビュー

ついに自分《じぶん》のスマホを手《て》に入《い》れたぜー！
じゃーん！
わぁ〜
いいな〜
うちは「まだ早《はや》い」って買《か》ってもらえないよー
いいな〜
うちもだよー。よく買《か》ってもらえたね
お手伝《てつだ》いします！
早《はや》く寝《ね》ます
だから買《か》ってー
せっせ
せっせ
勉強《べんきょう》も！
お願《ねが》いします〜
親《おや》をせっとくするのは、かなりほねがおれたよ
うんうん

あこがれのスマートフォンを買《か》ってもらうために両《りょう》親《しん》をせっとくするのは、本当《ほんとう》にほねがおれた。

使《つか》い方《かた》まんが 2 雑草《ざっそう》取りはたいへん

ここに畑《はたけ》を作《つく》るので、雑草《ざっそう》をぬきましょう
お〜い!
先生《せんせい》があんな遠《とお》くに…
こ、これは…ほねがおれる仕事《しごと》だね…
うん…

校庭《こうてい》の一部分《いちぶぶん》に畑《はたけ》を作《つく》ることになった。雑草《ざっそう》だらけのこの場所《ばしょ》をきれいにするのは、なかなかほねがおれる仕事《しごと》だ。

ほねは、わたしたちの体《からだ》をささえているがんじょうなもの。そんなほねがおれてしまうくらい、労力《ろうりょく》がひつようでたいへんだということを表《あらわ》すことばです。体《たい》力的《りょくてき》な負担《ふたん》だけでなく、手間《てま》がかかって気《き》持《も》ちにも負担《ふたん》がかかるときに使《つか》います。

また、「ほねをおる」という慣用句《かんようく》もありますが、この場合《ばあい》は「苦労《くろう》をおしまずに力《ちから》をつくす」という意味《いみ》です。区別《くべつ》して使《つか》いましょう。

ほねが出《で》てくることば

ほねおりぞんのくたびれもうけ

苦労《くろう》ばかりしてせいかがなく、くたびれただけであること。

ほね身《み》にこたえる

つらさやいたみを全身《ぜんしん》に強《つよ》く感《かん》じること。

ほね身《み》をけずる

体《からだ》がやせて細《ほそ》くなってしまうほど、苦労《くろう》を重《かさ》ね努力《どりょく》をすること。

ほねをおしむ

苦労《くろう》をいやがってなまけること。

気《き》づかいをして精神《せいしん》的《てき》につかれることは、「気《き》ぼねがおれる」というんだって

?クイズ!

ほねが出《で》てくる慣用句《かんようく》。わすれないよう心《こころ》に深《ふか》くとどめるという意味《いみ》だよ。□に入《はい》ることばは?

ほねに□□□（ひらがなで）

答《こた》えは123ページ

ちょっとより道《みち》

そんなときに言《い》いたい！

道《みち》草《くさ》を食《く》う

使《つか》い方《かた》まんが　おたがいさま

コンビニエンスストア24h
イッキ!?
何《なに》をしているんだ!?
道草《みちくさ》を食《く》っていないで帰《かえ》りなさい
ハッ!
ハッ!
父《とう》ちゃんこそ！

習《なら》い事《ごと》の帰《かえ》りに道草《みちくさ》を食《く》っているところをお父《とう》さんに見《み》つかった。でも、お父《とう》さんも仕事帰《しごとがえ》りに道草《みちくさ》を食《く》っていたということだ。

意《い》味《み》

目的地《もくてきち》に行《い》くとちゅうで、他《ほか》のことに時間《じかん》を使《つか》うこと。

馬《うま》が、目的地《もくてきち》へ向《む》かう道中《どうちゅう》で道《みち》にはえている草《くさ》を食《た》べてなかなか進《すす》めないようすにたとえて、目的《もくてき》とは関係《かんけい》のないことで時間《じかん》をつぶしてしまうことをいいます。「けがをして一年《いちねん》道草《みちくさ》を食《く》った」というように、自分《じぶん》の意志《いし》ではなく、じゃまが入《はい》ってしまったときにも使《つか》います。

似《に》た意味《いみ》のことば

油《あぶら》を売《う》る

仕事《しごと》のとちゅうで関係《かんけい》のないことをしてなまけること。

それ　もう、聞きあきた

そんなときに言いたい！

耳《みみ》にたこができる

意味《いみ》

同《おな》じことを何度《なんど》も聞《き》かされて、いやになること。

この「たこ」は、海《うみ》のいきものではなく、皮《ひ》ふにできる「たこ」のこと。何度《なんど》も同《おな》じ場所《ばしょ》がこすれることで皮《ひ》ふがかたくなって「たこ」になり、感覚《かんかく》がにぶくなります。耳《みみ》にもそんなふうに「たこ」ができるほど同《おな》じことを聞《き》いているというたとえです。うんざりした気持《きも》ちをこめて使《つか》われます。

使《つか》い方《かた》まんが　おじいちゃんのメッセージ

車《くるま》に気《き》をつけて、知《し》らない人《ひと》についていくなよ
は～い
シャカ
シャカ
車《くるま》に気《き》をつけて、知《し》らない人《ひと》についていくなよ
は―い
車《くるま》に…
もう耳《みみ》にたこができたよ

毎朝学校《まいあさがっこう》に行《い》く前《まえ》、おじいちゃんから登下校中《とうげこうちゅう》の注《ちゅう》意事項《いじこう》を耳《みみ》にたこができるほど聞《き》いている。でもそれはぼくのことを心配《しんぱい》しているからだ。

耳《みみ》が出《で》てくることば

耳《みみ》がいたい
自分《じぶん》の弱《よわ》みを言《い》われて、聞《き》くのがつらいこと。

耳《みみ》が早《はや》い
うわさなどを聞《き》きつけるのが早《はや》いこと。

やってみよう！

慣用句《かんようく》線《せん》つなぎ

上《うえ》の慣用句《かんようく》に合《あ》うせりふを下《した》から選《えら》んで線《せん》でつなごう。

答《こた》えは124ページ

1 乗《の》りかかった船《ふね》 ●

2 まんを持《じ》す ●

3 世話《せ》《わ》をやく ●

● 弟《おとうと》のことが心配《しんぱい》で、つい、あれこれ手伝《てつだ》ってしまう。

● いよいよわたしの出番《でばん》が来《き》た。じゅんびはばっちりだよ！

● 引《ひ》き受《う》けたからには、最後《さいご》までやりとげるぞ！

④ はらをわる ●

⑤ あげ足《あし》を取《と》る ●

⑥ ふに落《お》ちない ●

⑦ 羽《はね》をのばす ●

● テストも終《お》わったし、この休日《きゅうじつ》は、ひさしぶりにのんびりとすきなことをしよう。

● ちょっと言《い》いまちがえただけなのに、大《おお》げさにばかにしないでよ。

● おたがいにどう思《おも》っているか、本心《ほんしん》を話《はな》そうよ。

● あんなに練習《れんしゅう》したのに、どうしていいけっかが出《で》なかったのかな……。

かってに!

慣《かん》用《よう》句《く》ランキング

マコとソウタがすきな慣用句《かんようく》をランキング! みんなのお気《き》に入《い》りも入《はい》っているかな?

アイドルずきのマコが選《えら》ぶ

ライブ後《ご》にぴったりな慣《かん》用《よう》句《く》ベスト3

1 心《こころ》がおどる

36ページ

スターズ★を間近《まぢか》に見《み》られて、どきどき、わくわくが止《と》まらない! こんな心《こころ》がおどるときが毎日《まいにち》あればいいのにな。

2 話《はな》に花《はな》がさく

62ページ

3 後《うし》ろがみを引《ひ》かれる

77ページ

昆虫《こんちゅう》マニアなソウタが選《えら》ぶ

言《い》われてうれしい慣《かん》用《よう》句《く》ベスト3

1 一《いち》目《もく》おく

50ページ

昆虫《こんちゅう》ずきのなかまから「きみには一目《いちもく》おいている」なんて言《い》われてみたいな。言《い》われるようにもっともっと昆虫《こんちゅう》の知識《ちしき》をふやすぞ!

2 目《め》が高《たか》い

44ページ

3 歯《は》が立《た》たない

88ページ

鳥《とり》も魚《さかな》も動物《どうぶつ》も！

いきものにまつわる慣用句《かんようく》 5

由来《ゆらい》を知《し》れば思《おも》わずなっとく！
いきもののとくちょうを生《い》かした
慣用句《かんようく》がいっぱい！

息《いき》がぴったりだね！

そんなときに言《い》いたい！

馬《うま》が合《あ》う

意《い》味《み》

とくべつに相性《あいしょう》がいいこと。よく気《き》が合《あ》うこと。

使《つか》い方《かた》まんが 1 いっしょだね

イッキとソウタって性格《せいかく》が正反対《せいはんたい》だよね
みんなでワイワイ
イェーイ
ひとりでモクモク
でも…
すきな色《いろ》は？
みどり
行《い》ってみたい国《くに》は？
ブラジル
なんでブラジル？
アマゾンをたんけんしたいから！
ふたりは馬《うま》が合《あ》うね〜
パタン

いつもさわいでいる子《こ》と、しずかに本《ほん》を読《よ》むのがすきな子《こ》、性格《せいかく》は正反対《せいはんたい》なのに、意外《いがい》とふたりは馬《うま》が合《あ》うらしい。

使《つか》い方《かた》まんが 2 おわらいひょうろん家《か》？

このふたり、ピン芸人《げいにん》どうしでコンビを組《く》んだのか！おもしろそ～
アハハ
う～ん
でも、このふたりって馬《うま》が合《あ》わない気《き》がするなぁ…
1か月後《げつご》
コンビ、かいさんします！
ハッ！
お前《まえ》…すごいな
だろ～
へへん！

人気《にんき》のおわらいコンビがかいさんした。みんなはおどろいていたけれど、ぼくははじめから、あのふたりは馬《うま》が合《あ》わないと思《おも》っていた。

乗馬《じょうば》から生《う》まれたことばです。馬《うま》は神《しん》経質《けいしつ》な動物《どうぶつ》で、乗《の》る人《ひと》のことが気《き》に入《い》らないと走《はし》ろうとしません。馬《うま》と乗《の》る人《ひと》のこきゅうが合《あ》い、上手《じょうず》に乗《の》りこなすことを「馬《うま》が合《あ》う」といい、それが人間《にんげん》どうしの間《あいだ》でも使《つか》われるようになりました。

「気《き》が合《あ》う」よりも、もっととくべつな相手《あいて》をいいます。ただし、目上《めうえ》の人《ひと》に使《つか》うと失礼《しつれい》になるので注意《ちゅうい》しましょう。

「馬《うま》が合《あ》わない」と言《い》うと、考《かんが》え方《かた》が合《あ》わない、つき合《あ》いにくいことを表《あらわ》します。

似《に》た意味《いみ》のことば

意気投合《いきとうごう》
おたがいの気持《きも》ちや考《かんが》えが、ぴったり合《あ》うこと。
→4巻《かん》48ページ

息《いき》が合《あ》う
両者《りょうしゃ》の気持《きも》ちがぴったりと合《あ》うこと。

馬《うま》が出《で》てくることば

生《い》き馬《うま》の目《め》をぬく
生《い》きている馬《うま》の目《め》をぬき取《と》るほどのすばやさで、ものごとを行《おこな》うこと。

馬《うま》は馬《うま》づれ
似《に》たものどうしでものごとを進《すす》めるとうまくいくことのたとえ。

？クイズ！

馬《うま》が出《で》てくることわざ。意見《いけん》やちゅうこくをしても意味《いみ》がないという意味《いみ》だよ。□に入《はい》ることばは？

馬《うま》の耳《みみ》に□□□□（ひらがなで）

答《こた》えは123ページ

やけにしずかだね

借《か》りてきたねこ

そんなときに言《い》いたい!

意《い》味《み》

いつもとはちがっておとなしくしているようす。

使《つか》い方《かた》まんが 1 すてきな実《じっ》習《しゅう》生《せい》

明《あか》るくにぎやかな友《とも》だちが、今日《きょう》は借《か》りてきたねこのようにおとなしい。どうやら、かっこいい教育実《きょういくじっ》習生《しゅうせい》にきんちょうしているようだ。

使《つか》い方《かた》まんが 2 校長先生《こうちょうせんせい》にはかなわない

いつもは、だれに対《たい》しても言《い》いたいことを言《い》う友《とも》だちでも、校長先生《こうちょうせんせい》の前《まえ》でだけは、借《か》りてきたねこのようになる。

昔《むかし》は、家《いえ》にいるねずみをたいじするために、ねこのかし借《か》りが行《おこな》われていました。でも、ねこはけいかい心《しん》の強《つよ》い動物《どうぶつ》です。自分《じぶん》のなわばりである家《いえ》では活発《かっぱつ》にねずみをたいじしてくれるねこも、とつぜんつれて来《こ》られた家《いえ》では追《お》いかけようとしなかったそうです。そんなねこの習性《しゅうせい》から生《う》まれたことばだといわれています。

人見知《ひとみし》りをしていたり、はじめてくる場所《ばしょ》や状況《じょうきょう》にきんちょうしたりして、いつものように話《はな》せなくなっているようなときによく使《つか》います。

ただ、体《からだ》の調子《ちょうし》が悪《わる》くてしずかにしているときや、命令《めいれい》にしたがっておとなしくしているようなときには使《つか》わないので注意《ちゅうい》しましょう。

似《に》た意味《いみ》のことば

内《うち》べんけい

家《いえ》の中《なか》では強気《つよき》だけど、外《そと》ではおとなしいこと。

ねこをかぶる

本当《ほんとう》の性格《せいかく》をかくしておとなしくふるまうこと。

反対《はんたい》の意味《いみ》のことば

傍若無人《ぼうじゃくぶじん》

そばに他人《たにん》がいないかのように、勝手《かって》にふるまうようす。

?クイズ!

ねこが出《で》てくることわざ。価値《かち》のわからない人《ひと》にきちょうなものをあたえても役《やく》に立《た》たないという意味《いみ》だよ。□に入《はい》ることばは?

ねこに□□（漢字《かんじ》で）

答《こた》えは123ページ

え!? 何《なに》が起《お》こったの?

そんなときに言《い》いたい!

きつねにつままれる

使《つか》い方《かた》まんが　ふしぎな出来事《できごと》

あれ!?
つかまえたのは1ぴきのはずなのに、2ひきいる! なぜ!?
きつねにつままれたようだ!

つかまえた昆虫《こんちゅう》と葉《は》を虫《むし》かごに入《い》れておいた。しばらくしてかくにんすると、葉《は》のかげにかくれていたのか、昆虫《こんちゅう》がふえていた。きつねにつままれた気分《きぶん》だ。

意《い》味《み》

思《おも》いがけないことが起《お》こり、わけがわからずぽかんとすること。

「つままれる」とは「だまされる」という意味《いみ》です。日本《にほん》では昔《むかし》から、きつねは、ばけて人《ひと》をだます動物《どうぶつ》と考《かんが》えられていたことから、思《おも》いがけない出来事《できごと》におどろいたり、ぽかんとしたりすることを、「きつねにつままれたよう」というようになりました。「きつねにつねられる」とはいいません。

似《に》た意味《いみ》のことば

はとが豆鉄砲《まめでっぽう》を食《く》ったよう

とつぜんのことにおどろき、目《め》を丸《まる》くしているようす。

ごまかしちゃだめでしょう、

そんなときに言いたい！

さばを読《よ》む

使《つか》い方《かた》まんが　ジェットコースター

142センチです
135センチです
120センチです
ジェットコースター
身長《しんちょう》、さばを読《よ》んじゃダメだよ？
ごめんね～
身長《しんちょう》120cm以上《いじょう》
ちぇっ！

弟《おとうと》は身長《しんちょう》せいげんのあるジェットコースターにどうしても乗《の》りたくて、身長《しんちょう》をさばを読《よ》んで伝《つた》えたけれど、通用《つうよう》しなかった。

意《い》味《み》

自分《じぶん》に都合《つごう》がいいように、数《かず》をごまかすこと。

「さば」は魚《さかな》のさば、「読《よ》む」は数《かず》を数《かぞ》えるということ。このことばの由来《ゆらい》はいくつか説《せつ》があります。魚市場《うおいちば》ではさばをわざと早口《はやくち》で数《かぞ》えて数《かず》をごまかすことがあり、そこから、大《たい》したことではないけれど、少《すこ》し数《かず》をごまかすことを「さばを読《よ》む」というようになったという説《せつ》もあります。

似《に》た意《い》味《み》のことば

げたをはかせる

数《かず》を、実際《じっさい》よりも多《おお》く見《み》せること。

たった、これっぽっち？

そんなときに言《い》いたい！

すずめのなみだ

意《い》味《み》　ほんのわずかなことのたとえ。

使《つか》い方《かた》まんが 1 どこにあるの？

できたぞ～!!
スーパーで高級食材《こうきゅうしょくざい》の黒《くろ》トリュフを使《つか》ったハンバーグがあったよ
…パパ、どれがトリュフ？
すごく安《やす》かったから…すずめのなみだくらいのトリュフしか入《はい》っていないな
どうした～？
これ、これ！
どれ～？

高級食材《こうきゅうしょくざい》が食《た》べられると聞《き》いて、とても楽《たの》しみにしていたけれど、すずめのなみだ程度《ていど》の量《りょう》だったので、味《あじ》がわからなかった。

使《つか》い方《かた》まんが 2 みんなで募金《ぼきん》

募金《ぼきん》といっても、ぼくが出《だ》せるのはすずめのなみだほどのものだけど、みんなの募金《ぼきん》を集《あつ》めれば、大《おお》きな力《ちから》になるにちがいない。

もしも、すずめがなみだを流《なが》しても、その量《りょう》はほんの少《すこ》しでしかないことから、とても少《すく》ない量《りょう》を表《あらわ》すことばとして使《つか》われるようになりました。

「少《すく》なすぎる」とこまっているときや、「これっぽっちしかもっていない」と自《じ》分《ぶん》を低《ひく》く見せるときに使《つか》われることが多《おお》く、いい意《い》味《み》では使《つか》われません。少《すく》ないことを大《おお》げさに伝《つた》えたいときに使《つか》うといいでしょう。

似《に》た意《い》味《み》のことば

蚊《か》のなみだ
蚊《か》が流《なが》すなみだほどの、きわめて量《りょう》が少《すく》ないことのたとえ。

つめのあかほど
ほんのわずかな量《りょう》のたとえ。

鳥《とり》が出《で》てくることば

つるの一《ひと》声《こえ》
→110ページ

かんこ鳥《どり》が鳴《な》く
人《ひと》がおとずれず、しずかでさびしいようす。商売《しょうばい》がうまくいかないさま。

？クイズ！

なみだが出《で》てくることわざ。なさけしらずな人《ひと》でも時《とき》にはやさしくなることもあるという意《い》味《み》だよ。□に入《はい》ることばは？

□□の目《め》にもなみだ（ひらがなで）

答《こた》えは123ページ

本当《ほんとう》は寝《ね》てないよね？

そんなときに言《い》いたい！

たぬき寝《ね》入《い》り

意《い》味《み》

都合《つごう》が悪《わる》いときに寝《ね》たふりをすること。

たぬきは臆病《おくびょう》で、びっくりすると一時的《いちじてき》に気《き》をうしなってしまうことがあります。これを人《ひと》は、たぬきが人《ひと》をだますために寝《ね》たふりをしているのだと考《かんが》えました。そこから、何《なに》かをごまかすために寝《ね》ているふりをすることを「たぬき寝《ね》入《い》り」というようになりました。

似《に》た意味《いみ》のことば

ねずみの空死《そらじ》に

きけんがせまった状況《じょうきょう》で死《し》んだふりをすること。

使《つか》い方《かた》まんが　聞《き》かないで…

イッキ、今日《きょう》のテスト、どうだった？
ぐ～ぐ～
たぬき寝《ね》入《い》りして…。テストできなかったんだな…
むにゃむにゃ…

お母《かあ》さんがテストのけっかを聞《き》いてきた。正直《しょうじき》にいえば、「もっと勉強《べんきょう》しなさい」とおこられると思《おも》い、たぬき寝《ね》入《い》りをしてごまかした。

月《つき》とすっぽん

使《つか》い方《かた》まんが　手作《てづく》りパン、最高《さいこう》！

このパン
まずい!!
二度《にど》と
買《か》わないぞ
ほれ。
オレが作《つく》ったパン、
食《た》べてみてよ
わっ！
うまいっ！
さっきのパンとは
月《つき》とすっぽんだよ!!
ガツガツ

お兄《にい》ちゃんはパン作《づく》りの名人《めいじん》だ。お兄《にい》ちゃんが作《つく》ったパンと、安物《やすもの》のパンとでは、月《つき》とすっぽんだ。

意味《いみ》

ふたつのもののちがいが大《おお》きすぎることのたとえ。また、つりあわないこと。

「すっぽん」は、ぬまや川《かわ》にすむかめのなかまのこと。月《つき》とすっぽん、どちらも丸《まる》い形《かたち》をしているのに、月《つき》は空高《そらたか》くうかび、すっぽんはどろ水《みず》の中《なか》と、そのちがいはとても大《おお》きいものです。このように、似《に》ていたり関係《かんけい》していたりしても、実質《じっしつ》はくらべものにならないほどちがうときに使《つか》います。

似《に》た意味《いみ》のことば

雲泥《うんでい》の差《さ》

あまりにも差《さ》があり、くらべものにならない。→2巻《かん》55ページ

あの人《ひと》のことばですべてが決《き》まった

そんなときに言《い》いたい！

つるの一声《ひとこえ》

意《い》味《み》

多《おお》くの人《ひと》をしたがわせるような、力《ちから》のある人《ひと》の一言《ひとこと》。

使《つか》い方《かた》まんが 1 昆虫《こんちゅう》はどこだ？

昆虫《こんちゅう》をさがすためにどの場所《ばしょ》へ行《い》くか、意見《いけん》が分《わ》かれていたが、昆虫《こんちゅう》にくわしい友《とも》だちのつるの一声《ひとこえ》で行《い》き先《さき》が決《き》まった。

使《つか》い方《かた》まんが 2 夢《ゆめ》

スターズ★のマネージャー選《えら》びが行《い》きづまっていたそのとき…
ガタッ!
リーダーのつるの一声《ひとこえ》でマネージャーが決定《けってい》!
いっしょに夢《ゆめ》を追《お》うのはマコちゃんがいい!
…という夢《ゆめ》を見《み》た
ムニャムニャ

アイドルグループのマネージャーがなかなか決《き》まらない。そんなとき、リーダーのつるの一声《ひとこえ》でわたしが選《えら》ばれた！……という夢《ゆめ》を見《み》た。

鳥《とり》のつるは、まわりにひびきわたるほど大《おお》きなかん高《だか》い声《こえ》で鳴《な》きます。ほかの鳥《とり》の鳴《な》き声《ごえ》とくらべ、はく力《りょく》があることから、「力《ちから》のある人《ひと》の一言《ひとこと》」にたとえられるようになりました。

人々《ひとびと》が思《おも》い思《おも》いに意見《いけん》しているなか、一言《ひとこと》でおさえつけたり、しずめたりすることを表《あらわ》します。「つるの一声《ひとこえ》」で決定《けってい》したけっかが、よいことでも、悪《わる》いことでも、関係《かんけい》なく使《つか》えることばです。

似《に》た意味《いみ》のことば

天《てん》の声《こえ》
天《てん》のおつげ。転《てん》じて権力《けんりょく》やえいきょう力《りょく》がある人《ひと》の意見《いけん》。

百星《ひゃくせい》の明《めい》は一月《いちげつ》の光《ひかり》にしかず
つまらない人《ひと》が何人《なんにん》いても、ゆうしゅうなひとりにはおよばないということ。

もともとは「すずめの千声《せんこえ》つるの一声《ひとこえ》」ということばだったんだって
へいぼんな多《おお》くの声《こえ》より、すぐれた人《ひと》の一言《ひとこと》に価値《かち》があるっていう意味《いみ》だね

クイズ!

つるが出《で》てくることわざ。□に入《はい》る漢数字《かんすうじ》は？

つるは□年《ねん》かめは万年《まんねん》

答《こた》えは123ページ

いそがしすぎる〜！

そんなときに言《い》いたい！

ねこの手《て》も借《か》りたい

意《い》味《み》

だれでもいいから手伝《てつだ》ってほしいほど、とてもいそがしいこと。

使《つか》い方《かた》まんが 1 もう！ いそがしいのに…

友《とも》だちは、ねこの手《て》も借《か》りたいというときにかぎって、すがたが見《み》えなくなってしまう。さらにはよけいな仕事《しごと》をふやす。こまったものだ。

使《つか》い方《かた》まんが 2 人気《にんき》の八百屋《やおや》さん

おじさん、今日《きょう》もいい野菜《やさい》を売《う》っているね！
おいしそ〜
ありがとう！
おかげさまで週末《しゅうまつ》は、ねこの手《て》も借《か》りたいほどはんじょうしているよ

あのお店《みせ》はとても人気《にんき》がある。とくに休日《きゅうじつ》はお客《きゃく》さんがたくさん来《く》るので、ねこの手《て》も借《か》りたいほどいそがしいと店主《てんしゅ》が言《い》っていた。

かつて日本《にほん》で身近《みぢか》にかわれていた動物《どうぶつ》は、牛《うし》や馬《うま》、犬《いぬ》、ねこ。牛《うし》や馬《うま》は荷物《にもつ》を運《はこ》んだり人《ひと》を乗《の》せたりし、犬《いぬ》なら番犬《ばんけん》や猟犬《りょうけん》として人《ひと》を助《たす》けていました。一方《いっぽう》、ねこの役《やく》わりはねずみたいじのみ。そのため、ねこは役《やく》に立《た》たないと思《おも》われていたことから、このことばができました。そんな役《やく》に立《た》たないねこでも手伝《てつだ》ってほしいほどいそがしい、というわけですね。

「役《やく》に立《た》たないねこでもいい、だれでもいいから手伝《てつだ》ってほしい」とおおげさにいうことばなので、直接《ちょくせつ》お手伝《てつだ》いをたのむ相手《あいて》に使《つか》うのは、失礼《しつれい》になります。また、「ねこの手《て》を借《か》りたい」とはいわないので、注意《ちゅうい》しましょう。「犬《いぬ》の手《て》も人《ひと》の手《て》にしたい」という、同《おな》じ意味《いみ》のことばがあります。

ねこが出《で》てくることば

ねこにかつおぶし

ねこのそばにねこの大好物《だいこうぶつ》のかつおぶしを置《お》いたら、いつ食《た》べられてしまうかわからない。油断《ゆだん》できない状況《じょうきょう》にすること。

ねこにまたたび

大好物《だいこうぶつ》なもの。また、それをあたえることでよいけっかが起《お》こることのたとえ。

ねこのひたい

場所《ばしょ》がせまいことのたとえ。

？クイズ！

ねこが出《で》てくる慣用句《かんようく》。ものごとがめまぐるしくかわるという意味《いみ》だよ。□に入《はい》ることばは？

ねこの□（漢字《かんじ》で）

答《こた》えは123ページ

さあ、のびのびするぞ！

そんなときに言《い》いたい！

羽《はね》をのばす

意《い》味《み》

せいげんされたりがまんしたりしていた状態《じょうたい》から自由《じゆう》になり、すきにふるまうこと。

使《つか》い方《かた》まんが 1 それぞれの休《やす》み時間《じかん》

休《やす》み時間《じかん》に外《そと》で遊《あそ》びたい子《こ》もいれば、昆虫《こんちゅう》の世話《せわ》をしたい子《こ》もいる。羽《はね》をのばす方法《ほうほう》は、人《ひと》それぞれだ。

使《つか》い方《かた》まんが 2 みんなを見送《みおく》ったら…

気《き》をつけてね
はーい
いってらっしゃい。より道《みち》するなよ！
はーい わかってるよ〜
さて ひと休《やす》み
はぁ〜
バッサ〜
さっそく羽《はね》をのばしているな〜
丸見《まるみ》えだよ〜

今日《きょう》はお父《とう》さんが家《いえ》でおるすばん。いつもみんなに気《き》をくばっているお父《とう》さんは、ひさしぶりに羽《はね》をのばして、ひとりの時間《じかん》を楽《たの》しんだようだ。

鳥《とり》は空《そら》をとんでいるときが、いちばんのびのびと自由《じゆう》にしているように見《み》えますよね。そんなふうに鳥《とり》が左右《さゆう》の羽《はね》を思《おも》いっきり広《ひろ》げているようすから生《う》まれたことばです。

いそがしさやきんちょうから解放《かいほう》されて、リラックスするときや、自分《じぶん》だけの時間《じかん》を楽《たの》しむときなどに使《つか》います。たんにゆっくりとくつろぐという意味《いみ》で使《つか》うときは、「手足《てあし》をのばす」といいます。

似《に》た意味《いみ》のことば

命《いのち》の洗《せん》たく

日《ひ》ごろの生活《せいかつ》の苦労《くろう》から解放《かいほう》されて、のんびりと気《き》ばらしをすること。

羽の字《じ》が出《で》てくることば

羽目《はめ》を外《はず》す

自由《じゆう》になったうれしさのあまり、調子《ちょうし》に乗《の》ってしまうこと。「羽目《はめ》」は馬《うま》をあやつるために馬《うま》の口《くち》にはめる金具《かなぐ》のこと。

「羽《はね》をのばす」は自由《じゆう》でリラックスしたようすだけど、「羽目《はめ》を外《はず》す」は自由《じゆう》になりすぎてよくないようすをいうんだね

？クイズ！

羽の字《じ》が出《で》てくる慣用句《かんようく》。どうすることもできない状況《じょうきょう》に追《お》いつめられているという意味《いみ》だよ。□に入《はい》ることばは？

切《せっ》羽《ぱ》□□□（ひらがなで）

答《こた》えは123ページ

アクティビティ

慣《かん》用《よう》句《く》お絵《え》かきクイズ

慣用句《かんようく》を使《つか》ったゲームを紹介《しょうかい》するよ。みんなでやってみよう！

どんなゲーム？

友《とも》だちがかいた絵《え》を見《み》て、何《なん》という慣用《かんよう》句《く》を表《あらわ》しているのか当《あ》てるゲームだよ。

● 人数《にんずう》　ふたり以上《いじょう》

● かかる時間《じかん》　十五分《じゅうごふん》くらい

● ひつようなもの
・スケッチブックなどの紙《かみ》
・ペンなどの筆記用具《ひっきようぐ》

パソコンやタブレットを使《つか》っても楽《たの》しいよ！

ゲームのやり方《かた》

1 この本《ほん》や、ほかの本《ほん》を使《つか》って、ひとりひとつ慣用句《かんようく》を選《えら》びます。自分《じぶん》以外《いがい》の人《ひと》に知《し》られないように、こっそり選《えら》びましょう。

2 制限時間《せいげんじかん》を決《き》めて、自分《じぶん》が選《えら》んだ慣用句《かんようく》を絵《え》にかきましょう。制限時間《せいげんじかん》は十《じゅう》～三十《さんじゅう》秒《びょう》くらいがおすすめです。

絵《え》にしやすい慣用句《かんようく》の例《れい》

【体《からだ》の部位《ぶい》が出《で》てくる慣用句《かんようく》】

- 足《あし》がぼうになる
- うでによりをかける
- 顔《かお》から火《ひ》が出《で》る
- 首《くび》を長《なが》くする
- 尻《しり》に火《ひ》がつく
- 手《て》にあせをにぎる
- 鼻《はな》が高《たか》い
- ほねがおれる
- 耳《みみ》にたこができる

【食《た》べものが出《で》てくる慣用句《かんようく》】

- うりふたつ
- 青菜《あおな》に塩《しお》

【ものが出《で》てくる慣用句《かんようく》】

- 大船《おおぶね》に乗《の》る
- さじを投《な》げる
- 白羽《しらは》の矢《や》が立《た》つ
- 話《はなし》に花《はな》がさく

【いきものが出《で》てくる慣用句《かんようく》】

- すずめのなみだ
- たぬき寝《ね》入《い》り
- 月《つき》とすっぽん
- ねこの手《て》も借《か》りたい

3 ひとりずつ順番《じゅんばん》に、かいた絵《え》を見《み》せてください。ほかの人《ひと》は、その絵《え》が何《なん》の慣用句《かんようく》を表《あらわ》しているか考《かんが》えて答《こた》えましょう。

もっと楽《たの》しく！

●四人以上《よにんいじょう》で伝言《でんごん》ゲームふうにやってみましょう。全員《ぜんいん》紙《かみ》とペンを持《も》って一列《いちれつ》にならびます。最初《さいしょ》の人《ひと》は紙《かみ》に慣用句《かんようく》をひとつ、絵《え》で表《あらわ》します。絵《え》をかいたら、次《つぎ》の人《ひと》に十秒間《じゅうびょうかん》見《み》せ、次《つぎ》の人《ひと》はその絵《え》から、何《なん》の慣用句《かんようく》かを予想《よそう》して絵《え》をかきます。これをつづけ、最後《さいご》の人《ひと》は最初《さいしょ》の人《ひと》がかいた慣用句《かんようく》を当《あ》てましょう。

ことわざやオノマトペでもやってみたいね！

楽《たの》しくちょうせん！ 慣《かん》用《よう》句《く》新《しん》聞《ぶん》を作《つく》ろう

1 取《と》り上《あ》げる慣《かん》用《よう》句《く》を選《えら》ぼう

まずは、新聞《しんぶん》で紹介《しょうかい》する慣用句《かんようく》を決《き》めましょう。
自分《じぶん》がすきな慣用句《かんようく》や、おもしろいと思《おも》った慣用句《かんようく》、「なんでそんないい方《かた》をするのかな？」とふしぎに思《おも》った慣用句《かんようく》など、興味《きょうみ》があってもっと調《しら》べたいと思《おも》えるもの、おもしろいからみんなに教《おし》えたいと思《おも》えるものなどを選《えら》ぶといいでしょう。

こんな慣《かん》用《よう》句《く》を選《えら》んでもいいね！

- すきないきものが出《で》てくる慣《かん》用《よう》句《く》
- 家《か》族《ぞく》がよく使《つか》う慣《かん》用《よう》句《く》
- 本《ほん》やドラマなどで出《で》てきた慣《かん》用《よう》句《く》
- 使《つか》い方《かた》をかんちがいしていた慣《かん》用《よう》句《く》

すきな慣《かん》用《よう》句《く》を調《しら》べて、みんなが楽《たの》しく読《よ》める新《しん》聞《ぶん》を作《つく》りましょう。

「ねこの手《て》も借《か》りたい」は、なんでねこ？犬《いぬ》じゃダメなのかな？興《きょう》味《み》がわくな～
スターズ★がインタビューで言《い》っていた「まんを持《じ》す」って、どんなときに使《つか》えるのかな？
気《き》になる慣《かん》用《よう》句《く》をいくつか調《しら》べてみてから決《き》めるのもいいね！

2 慣《かん》用《よう》句《く》を調《しら》べてみよう

1で選《えら》んだ慣《かん》用《よう》句《く》について、この本《ほん》や国《こく》語《ご》辞《じ》典《てん》、インターネットなどを使《つか》って調《しら》べてみましょう。ただし、インターネットには、まちがった情《じょう》報《ほう》もあります。本《ほん》と組《く》み合《あ》わせて使《つか》いましょう。慣《かん》用《よう》句《く》の意《い》味《み》や使《つか》い方《かた》はもちろん、その慣《かん》用《よう》句《く》はいつから使《つか》われていたのか、どんな由《ゆ》来《らい》があるのか、ことばのなり立《た》ちを調《しら》べていくとおもしろい発《はっ》見《けん》があるかもしれませんね。

こんなことを調《しら》べてみよう！

● **意《い》味《み》**

● **なり立《た》ち**

いつごろ、どうやって生《う》まれたことばなのか。もととなることばがあるのかな。

● **使《つか》い方《かた》**

正《ただ》しい使《つか》い方《かた》、時《じ》代《だい》によって変《へん》化《か》してきた使《つか》い方《かた》など。

● **まちがえやすい使《つか》い方《かた》**

● **似《に》た意《い》味《み》のことば**

● **反《はん》対《たい》の意《い》味《み》のことば**

● **調《しら》べて、さらに疑《ぎ》問《もん》に思《おも》ったこと**

3 記事《きじ》を書《か》こう

さいしょに、新聞《しんぶん》のレイアウトを決《き》めます。新《しん》聞《ぶん》にのせる内容《ないよう》は、左《ひだり》の見本《みほん》の❶～❺を参考《さんこう》に考《かんが》えてみましょう。

レイアウトが決《き》まったら記事《きじ》と見出《みだ》しを書《か》きます。見出《みだ》しは、記事《きじ》のタイトルのようなもの。短《みじか》いことばで記事《きじ》の内容《ないよう》をわかりやすくまとめます。読《よ》む人《ひと》の興味《きょうみ》を引《ひ》けるように工夫《くふう》しましょう。

❶新聞《しんぶん》の名前《なまえ》

新聞《しんぶん》の内容《ないよう》がひと目《め》でわかる名前《なまえ》をつけましょう。

❷新聞《しんぶん》の発行日《はっこうび》、書《か》いた人《ひと》の名前《なまえ》

かならず書《か》いた日《ひ》や書《か》いた人《ひと》の名前《なまえ》を入《い》れます。

❸トップ記事《きじ》

新聞《しんぶん》の中《なか》でいちばん伝《つた》えたいことをのせます。なぜこの慣用句《かんようく》に注《ちゅう》目《もく》したのか、慣用句《かんようく》の意味《いみ》やなり立《た》ち、使《つか》い方《かた》などを紹介《しょうかい》しましょう。文章《ぶんしょう》を全部《ぜんぶ》つなげるよりも、ひとつの内容《ないよう》ごとに見出《みだ》しをつけると読《よ》みやすくなります。読《よ》んでみたいと思《おも》わせるような、おもしろい見出《みだ》しをつけましょう。

❹写真《しゃしん》やイラスト

記事《きじ》をよりわかりやすく、おもしろくする写真《しゃしん》やイラストを入《い》れます。写真《しゃしん》には説明文《せつめいぶん》もそえます。

❺かこみ記事《きじ》

ほかとくべつしたいものは、わく線《せん》でかこんで紹介《しょうかい》します。

みんなが楽《たの》しく読《よ》めるように工夫《くふう》しよう！

調《しら》べたことだけじゃなくて、自分《じぶん》の意見《いけん》も入《い》れるといいね

1

慣《かん》用《よう》句《く》新《しん》聞《ぶん》

［発行日《はっこうび》］令和《れいわ》〇年《ねん》6月《がつ》20日《にち》

［発行者《はっこうしゃ》］森本イッキ

2

本当《ほんとう》にいそがしいときに使《つか》いたい「ねこの手《て》も借《か》りたい」

4

うちのねこ。手先《てさき》は器用《きよう》ではなさそうだ。

3

お父《とう》さん、お母《かあ》さんがよく使《つか》っている「ねこの手《て》も借《か》りたい」ということば。「だれでもいいから手《て》伝《つだ》ってほしいほど、とてもいそがしい」という意味《いみ》だ。でも、なぜ「ねこの手《て》」なのだろうか。犬《いぬ》のほうが手伝《てつだ》ってくれそうだ。ねこが使《つか》われる理由《りゆう》が気《き》になって調《しら》べてみた。

ことばの成《な》り立《た》ちを調査《ちょうさ》

ねこの手《て》は役《やく》に立《た》たない!?

昔《むかし》、日本《にほん》でかわれていた動物《どうぶつ》の中《なか》で、役《やく》に立《た》たないと思《おも》われていたのがねこ。「役《やく》に立《た》たないねこでもいいから手伝《てつだ》ってほしい」と、いそがしさを大《おお》げさに表現《ひょうげん》したようだ。

似《に》ていることばを調査《ちょうさ》

「犬《いぬ》の手《て》」だったら?

じつは、同《おな》じ意味《いみ》で「犬《いぬ》の手《て》も人《ひと》の手《て》にしたい」ということばもある。でも使《つか》う人《ひと》は見《み》かけない。たしかにねこの手《て》のほうがいそがしそうだ。

使《つか》い方《かた》クイズ

正《ただ》しい使《つか》い方《かた》はどっち?

お誕生日会《たんじょうびかい》のじゅんびがたいへんでねこの手《て》もかりたいよ
ねこの手《て》もかりたいほどいそがしいから手伝《てつだ》ってくれない?

「役《やく》に立《た》たなくても手伝《てつだ》ってほしい」という意味《いみ》なので、お手伝《てつだ》いをおねがいするときに使《つか》うのは相手《あいて》に失礼《しつれい》。正《ただ》しいのは男《おとこ》の子《こ》のほう。

反対《はんたい》の意味《いみ》のことばは?

かんこ鳥《どり》が鳴《な》く

5

人《ひと》がおとずれず、しずかでさびしいようす。商売《しょうばい》がうまくいかないさまをいうことば。かんこ鳥《どり》とは、かっこうのこと。

まだまだある! ねこが出《で》てくることば

5

ねこのひたい　場所《ばしょ》がせまいことのたとえ。

ねこの目《め》　ものごとがめまぐるしくかわることのたとえ。

ねこにかつおぶし　ねこのそばに大好物《だいこうぶつ》のかつおぶしを置《お》いたら、いつ食《た》べられてしまうかわからない。油断《ゆだん》できないこと。

ねこにまたたび　大好物《だいこうぶつ》なもの。それをあたえることでよいけっかが起《お》こることのたとえ。

かりてきたねこ　いつもとはちがっておとなしくしているようす。

ねこをかぶる　本当《ほんとう》の性格《せいかく》をかくしておとなしくふるまうこと。

あと書《が》き

ねこは昔《むかし》から身近《みぢか》な動物《どうぶつ》だったことがわかった。でもイメージはよくなかったみたいだ。

クイズの答《こた》え

11ページ

よりをもどす

人間関係《にんげんかんけい》をもとの状態《じょうたい》にもどすこと。

13ページ

B《ビー》 えりにつく

お金持《かねも》ちや権力《けんりょく》のある人《ひと》に、こびること。「えりがつく」という慣用句《かんようく》はないよ。

15ページ

ピリオドを打《う》つ

今《いま》までつづいてきたことを終《お》わりにすること。

19ページ

B《ビー》 尻《しり》をぬぐう

他人《たにん》のしっぱいの後始末《あとしまつ》をすること。

25ページ

かたを持《も》つ

対立《たいりつ》しているものの一方《いっぽう》の味方《みかた》をすること。

31ページ

板《いた》ばさみになる

対立《たいりつ》する人《ひと》の間《あいだ》で、どちらにもつけずにこまること。

33ページ

しゃみせんをひく

適当《てきとう》なことを言《い》ってごまかすこと。

35ページ

B《ビー》 たまごのからで海《うみ》をわたる

とてもきけんなことをするというたとえ。また、ぜったいにできないこと。

37ページ

心《こころ》をうつ

強《つよ》く感動《かんどう》させること。

39ページ

一《いっ》矢《し》をむくいる

自分《じぶん》へのこうげきに対《たい》し、多《おお》くはかえられないままでも、少《すこ》しでも反《はん》げき、反論《はんろん》すること。

41ページ

鼻《はな》をおる

とくいになっている気持《きも》ちをくじけさせること。

51ページ

B《ビー》 だめ

囲碁《いご》では、どちらのものにもならない目《め》のこと。「ひっし」はしょうぎで使《つか》われることば。

57ページ

首《くび》をよこにふる

さんせいしないという意味《いみ》。

59ページ

A《エイ》 大《おお》きなお世話《せわ》

よけいなおせっかいということ。

61ページ

竹《ちく》馬《ば》の友《とも》

竹馬《たけうま》に乗《の》っていっしょに遊《あそ》んだ、おさないころからの友《とも》だち。おさななじみ。

65ページ
水《みず》のあわ
これまでの苦労《くろう》や努力《どりょく》が、すべてむだになること。

71ページ
A《エイ》なめくじに塩《しお》
苦手《にがて》なものに出会《であ》い、気《き》おくれしてしまうこと。

73ページ
B《ビー》土《つち》がつく
勝負《しょうぶ》に負《ま》けること。もともとは力士《りきし》が負《ま》けること。「足《あし》がつく」は、はんざい者《しゃ》の身元《みもと》やにげた者《もの》の足《あし》どりがわかること。

75ページ
手《て》も足《あし》も出《で》ない
力《ちから》が足《た》りず、どうすることもできないこと。

83ページ
そこをつく
たくわえていたものがほとんどなくなってしまうこと。

85ページ
音《ね》を上《あ》げる
弱音《よわね》をはくこと。「音《ね》」は泣《な》き声《ごえ》のこと。

87ページ
四《し》の五《ご》の言《い》う
あれこれ文句《もんく》やふまんをいうこと。

93ページ
ほねにきざむ
わすれないよう心《こころ》に深《ふか》くとどめること。

101ページ
馬《うま》の耳《みみ》にねんぶつ
馬《うま》にありがたい教《おし》えを聞《き》かせても、そのありがたみはわからない。意見《いけん》やちゅうこくをしても意味《いみ》がないこと。

103ページ
ねこに小判《こばん》
→1巻《かん》100ページ
価値《かち》のわからない人《ひと》にきちょうなものをあたえても役《やく》に立《た》たない。

107ページ
おにの目《め》にもなみだ
おにのようになさけしらずの人《ひと》でも、時《とき》にはやさしくなみだを流《なが》すこともある。

111ページ
つるは千《せん》年《ねん》かめは万年《まんねん》
つるとかめは寿命《じゅみょう》が長《なが》いとされることから、寿《じゅ》命《みょう》が長《なが》く、めでたいことのたとえ。

113ページ
ねこの目《め》
ものごとがめまぐるしくかわることのたとえ。

115ページ
切羽《せっぱ》つまる
→39ページ

なかなか
むずかしい
のもあったぞ

46〜48ページ
正《ただ》しい使《つか》い方《かた》はどっち？

- かたずをのむ／ア
- 目《め》が高《たか》い／イ
- 気《き》がおけない／イ
- 口《くち》が軽《かる》い／イ
- 火《ひ》に油《あぶら》を注《そそ》ぐ／ア
- さばを読《よ》む／イ

66・67ページ
虫《むし》食《く》いクイズにちょうせん！

①うでに**より**をかける
②**火**《ひ》花《ばな》をちらす
③打《う》てば**ひびく**
④心《こころ》が**おどる**
⑤**目《め》の中《なか》**に入《い》れてもいたくない
⑥口《くち》を**そろえる**
⑦**なか**を取《と》り持《も》つ
⑧頭《あたま》を**かかえる**
⑨後《うし》ろ**がみ**を引《ひ》かれる

※虫《むし》食《く》いクイズの答《こた》えは、ひらがなで書《か》いても漢字《かんじ》で書《か》いても正解《せいかい》とします。

68ページ
虫《むし》食《く》いクイズ上級編《じょうきゅうへん》

⑩道《みち》**草《くさ》**を**食《く》**う
⑪**ねこ**の手《て》も**借《か》り**たい
⑫**つる**の**一《ひと》**声《こえ》
⑬**きつね**に**つまま**れる

96・97ページ
慣用句線《かんようくせん》つなぎ

❶乗《の》りかかった船《ふね》 — 引《ひ》き受《う》けたからには、最後《さいご》までやりとげるぞ！
❷まんを持《じ》す — いよいよわたしの出番《でばん》が来《き》た。じゅんびはばっちりだよ！
❸世《せ》話《わ》をやく — 弟《おとうと》のことが心配《しんぱい》で、つい、あれこれ手伝《てつだ》ってしまう。
❹はらをわる — おたがいにどう思《おも》っているか、本心《ほんしん》を話《はな》そうよ。
❺あげ足《あし》を取《と》る — ちょっと言《い》いまちがえただけなのに、大《おお》げさにばかにしないでよ。
❻ふに落《お》ちない — あんなに練習《れんしゅう》したのに、どうしていいけっかが出《で》なかったのかな……。
❼羽《はね》をのばす — テストも終《お》わったし、この休日《きゅうじつ》は、ひさしぶりにのんびりとすきなことをしよう。

表紙《ひょうし》うら
クロスワードパズルにちょうせん！

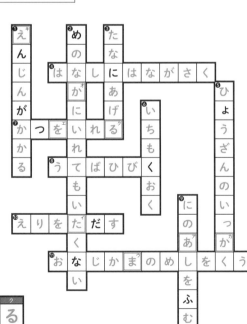

❶えんじんがかかる
❷めのなかにいれてもいたくない
❸たなにあげる
❹はなしにはながさく
❺ひょうざんのいっかく
❻いちもくおく
❼かつをいれる
❽うてばひびく
❾にのあしをふむ
❿えりをただす
⓫おなじかまのめしをくう

ア	イ	ウ	エ	オ	カ	キ	ク
あ	た	ま	を	か	か	え	る

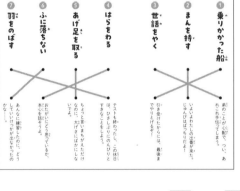

さくいん

この本《ほん》で、大《おお》きく取《と》り上《あ》げていることばは太字《ふとじ》になっています。

アイコンの意味《いみ》

…食《た》べものにまつわることば
…植物《しょくぶつ》が出《で》てくることば
…いきものが出《で》てくることば
…体《からだ》の一部《いちぶ》がふくまれることば
…道具《どうぐ》が出《で》てくることば
…数《かず》が出《で》てくることば

あ

青菜《あおな》に塩《しお》 …… **70**
赤《あか》の他人《たにん》 …… 71
あげ足《あし》を取《と》る …… **72**・97
足《あし》が出《で》る …… 75
足《あし》が早《はや》い …… 75
足《あし》がぼうになる …… 28・**74**
足《あし》をあらう …… 75
足《あし》をのばす …… 75
足《あし》を引《ひ》っぱる …… 75
頭《あたま》が上《あ》がらない …… 76
頭《あたま》かくして尻《しり》かくさず …… 19
頭《あたま》をかかえる …… **76**
頭《あたま》をひねる …… 76
あながあったら入《はい》りたい …… 78
油《あぶら》を売《う》る …… 94
生《い》き写《うつ》し …… 52
生《い》き馬《うま》の目《め》をぬく …… 101
息《いき》が合《あ》う …… 101
意気投合《いきとうごう》 …… 101
居住《いず》まいを正《ただ》す …… 13
板《いた》につく …… **30**
板《いた》ばさみになる …… 122
一日千秋《いちにちせんしゅう》 …… 57
一目《いちもく》おく …… **50**・98
一連托生《いちれんたくしょう》 …… 53
一切合切《いっさいがっさい》 …… 90
一矢《いっし》をむくいる …… 122
命《いのち》の洗《せん》たく …… 115
いばらの道《みち》 …… 42
後《うし》ろがみを引《ひ》かれる …… **77**・98
内《うち》べんけい …… 103
うでによりをかける …… **10**
打《う》てばひびく …… **32**
うでをふるう …… 11
馬《うま》が合《あ》う …… 27・**100**
馬《うま》の耳《みみ》にねんぶつ …… 123
馬《うま》は馬《うま》づれ …… 101
うりふたつ …… **52**
雲泥《うんでい》の差《さ》 …… 109
えりにつく …… 122
えりを正《ただ》す …… **12**
エンジンがかかる …… **14**・28
大《おお》きなお世話《せわ》 …… 122
大船《おおぶね》に乗《の》る …… **34**
大目玉《おおめだま》を食《く》う …… 79
同《おな》じかまのめしを食《く》う …… **53**
おにの目《め》にもなみだ …… 123
尾羽《おは》打《う》ち枯《か》らす …… 39
親船《おやぶね》に乗《の》る …… 35

か

かえるの面《つら》に水《みず》……71
顔《かお》から火《ひ》が出《で》る……**78**
顔《かお》にもみじをちらす……78
かたずをのむ……**16**・46
かたを持《も》つ……122
活《かつ》を入《い》れる……**17**
蚊《か》のなみだ……107
かみなりが落《お》ちる……**79**
借《か》りてきたねこ……**102**
かんこ鳥《どり》が鳴《な》く……107
気合《きあい》を入《い》れる……17
黄色《きいろ》い声《こえ》……71
気《き》がおけない……47・**54**
気《き》が気《き》でない……54
機《き》がじゅくす……25
気《き》が立《た》つ……54
きこのいきおい……21
きつねにつままれる……**104**
気《き》をぬく……13
口《くち》が重《おも》い……80
口《くち》がかたい……80
口《くち》が軽《かる》い……47・**80**

口《くち》火《び》を切《き》る……89
口《くち》を切《き》る……55
口《くち》をそろえる……**55**
口《くち》を出《だ》す……55
首《くび》をつっこむ……57
首《くび》を長《なが》くする……**56**
首《くび》をひねる……57
首《くび》をよこにふる……122
苦楽《くらく》をともにする……53
げたをはかせる……105
けちをつける……73
結実《けつじつ》する……43
心《こころ》が動《うご》く……37
心《こころ》がおどる……**36**・98
心《こころ》が晴《は》れる……37
心待《こころま》ち……57
心《こころ》をうつ……122
虎視眈々《こしたんたん》……25
ことば尻《じり》をとらえる……73

さ

さじを投《な》げる……**81**
さばを読《よ》む……48・**105**
様《さま》になる……31

猿知恵《さるぢえ》……83
しのぎをけずる……23
四《し》の五《ご》の言《い》う……123
しゃみせんをひく……122
重箱《じゅうばこ》のすみをつつく……73
朱《しゅ》に交《まじ》われば赤《あか》くなる……71
白羽《しらは》の矢《や》が立《た》つ……**38**
尻《しり》が重《おも》い……19
尻《しり》に火《ひ》がつく……**18**・28
尻《しり》をたたく……19
尻《しり》をぬぐう……122
すずめのなみだ……**106**
切羽《せっぱ》つまる……39・123
世話《せわ》がない……59
世話《せわ》になる……59
世話《せわ》をやく……**58**・96
浅識《せんしき》……83
即断即決《そくだんそっけつ》……87
そこがあさい……28・**82**
そこが知《し》れない……83
そこをつく……123
そこをわる……63

た

高《たか》く買《か》う …… 51
竹《たけ》をわったよう …… 63
だつぼうする …… 51
棚《たな》からぼたもち …… 85
棚《たな》に上《あ》げる …… 84
棚《たな》のものを取《と》ってくるよう …… 85
他人《たにん》の空似《そらに》 …… 52
たぬき寝入《ねい》り …… 108
たまごのからで海《うみ》をわたる …… 122
竹馬《ちくば》の友《とも》 …… 122
月《つき》とすっぽん …… 109
土《つち》がつく …… 123
つめのあかほど …… 107
つめを研《と》ぐ …… 25
つるの一声《ひとこえ》 …… 107・**110**
つるは千年《せんねん》かめは万年《まんねん》 …… 123
手《て》がこむ …… 20
手《て》ぐすね引《ひ》く …… 25
手《て》塩《しお》にかける …… 20
手《て》にあせをにぎる …… 16・**20**
手《て》にあまる …… 20
手《て》も足《あし》も出《で》ない …… 123
手《て》をぬく …… 11
手《て》を引《ひ》く …… 81
天《てん》の声《こえ》 …… 111
どうに入《い》る …… 31
豆腐《とうふ》にかすがい …… 33

な

なか立《だ》ち …… 61
なかをさく …… 61
なかを取《と》り持《も》つ …… **60**
名残《なごり》おしい …… 77
波《なみ》に乗《の》る …… 15
なめくじに塩《しお》 …… 123
にえ切《き》らない …… 87
二《に》の足《あし》をふむ …… **86**
ねこにかつおぶし …… 113
ねこに小判《こばん》 …… 123
ねこにまたたび …… 113
ねこの手《て》も借《か》りたい …… **112**・121
ねこのひたい …… 113
ねこの目《め》 …… 123
ねこをかぶる …… 103
ねじをまく …… 17
ねずみの空死《そらじ》に …… 108
音《ね》を上《あ》げる …… 123
乗《の》りかかった船《ふね》 …… **21**・96
のれんにうでおし …… 33

は

歯《は》がうく …… 88
歯《は》が立《た》たない …… **88**・98
はく車《しゃ》をかける …… 15
橋《はし》わたし …… 61
はとが豆鉄砲《まめでっぽう》を食《く》ったよう …… 104
バトンをわたす …… 15
鼻息《はないき》があらい …… 11
鼻《はな》がきく …… 41
鼻《はな》が高《たか》い …… **40**
話《はなし》に花《はな》がさく …… **62**・98
話《はなし》のこしをおる …… 62
鼻《はな》であしらう …… 41
鼻《はな》にかける …… 41
鼻《はな》につく …… 41
鼻《はな》をおる …… 122
羽《はね》をのばす …… 97・**114**
羽《は》ぶりがよい …… 39
羽目《はめ》を外《はず》す …… 115
はらが黒《くろ》い …… 22

はらがすわる……22
はらにおさめる……22
はらを決《き》める……**22**・27
はらをわる……**63**・97
歯《は》を食《く》いしばる……88
ひざを正《ただ》す……13
火《ひ》に油《あぶら》を注《そそ》ぐ……48・**89**
火《ひ》の消《き》えたよう……89
火花《ひばな》をちらす……**23**
百星《ひゃくせい》の明《めい》は一月《いちげつ》の光《ひかり》にしかず……111
氷山《ひょうざん》の一角《いっかく》……**90**
ピリオドを打《う》つ……122
ふえふけどもおどらず……33
ふに落《お》ちない……28・**91**・97
ふぬけ……91
船《ふね》をこぐ……35
ふん切《ぎ》りがつかない……87
傍若無人《ぼうじゃくぶじん》……103
ほねおりぞんのくたびれもうけ……93
ほねがおれる……**92**
ほねにきざむ……123
ほね身《み》にこたえる……93
ほね身《み》をけずる……93
ほねをおしむ……93

ま

まんを持《じ》す……**24**・96
見《み》切《き》りをつける……81
水《みず》入《い》らず……65
水《みず》と油《あぶら》……65
水《みず》に流《なが》す……**64**
水《みず》になれる……65
水《みず》のあわ……123
水《みず》を得《え》た魚《うお》……71
水《みず》をさす……65
道《みち》が開《ひら》ける……**42**
道草《みちくさ》を食《く》う……**94**
道《みち》をつける……42
身《み》につく……31
耳《みみ》がいたい……95
耳《みみ》が早《はや》い……95
耳《みみ》にたこができる……28・**95**
実《み》をむすぶ……27・**43**
むねがいたむ……37
むねがいっぱいになる……37
むねがおどる……37
目《め》がきく……44
目《め》がこえる……44
目《め》が高《たか》い……**44**・46・98
目《め》がはなせない……16
メスを入《い》れる……15
目《め》の色《いろ》をかえる……45
目《め》の中《なか》に入《い》れてもいたくない……**45**
目《め》をうたがう……45
目《め》をかける……59
目《もく》する……51
ものになる……43

や

よりをもどす……122

ら

レッテルをはる……15

わ

わたりに船《ふね》……35

監修　森山　卓郎　もりやま　たくろう

早稲田大学文学学術院教授、京都教育大学名誉教授。国語教科書編集委員、日本語学会理事。前日本語文法学会会長。著書に『コミュニケーションの日本語』『日本語の〈書き〉方』（ともに岩波ジュニア新書）、監修に『旺文社標準国語辞典』（旺文社）、『光村の国語 場面でわかる！ことわざ・慣用句・四字熟語の使い分け［全3巻］』（光村教育図書）など多数。

デザイン　山口秀昭（Studio Flavor）
漫画イラスト　野田節美
執筆協力　高島直子
DTP　有限会社ゼスト
校正　藏本泰夫
編集　株式会社スリーシーズン（奈田和子、渡邊光里）、高島直子

めざせ！　ことば名人　使い方90連発！ 3
慣用句

発行　2022年4月　第1刷

監修　森山卓郎
発行者　千葉　均
編集　片岡陽子
発行所　株式会社ポプラ社
〒102-8519　東京都千代田区麹町4-2-6
ホームページ　www.poplar.co.jp（ポプラ社）
kodomottolab.poplar.co.jp（こどもっとラボ）
印刷・製本　図書印刷株式会社

ISBN978-4-591-17296-4
N.D.C.814　128p　23cm

P7232003

あそびをもっと、まなびをもっと。
こどもっとラボ

めざせ！ことば名人 使い方90連発！

全5巻

監修 森山卓郎（早稲田大学教授）

1 ことわざ　まんがイラスト 徳永明子

2 故事成語　まんがイラスト WOODY

3 慣用句　まんがイラスト 野田節美

4 四字熟語　まんがイラスト オブチミホ

5 オノマトペ　まんがイラスト みずうちさとみ

小学校中～高学年向き

N.D.C.814　各128ページ　菊判　2色

図書館用特別堅牢製本図書